管理新浪潮文库
management new wave library

欲望管理

徐培杰 著

企业管理出版社
ENTERPRISE MANAGEMENT PUBLISHING HOUSE

图书在版编目（CIP）数据

欲望管理 / 徐培杰著 . -- 北京：企业管理出版社，2022.7

ISBN 978-7-5164-2300-4

Ⅰ . ①欲… Ⅱ . ①徐… Ⅲ . ①企业管理 - 人事管理 Ⅳ . ① F272.92

中国版本图书馆 CIP 数据核字 (2020) 第 244331 号

书　　名：	欲望管理
书　　号：	ISBN 978-7-5164-2300-4
作　　者：	徐培杰
责任编辑：	张　羿　赵　琳
出版发行：	企业管理出版社
经　　销：	新华书店
地　　址：	北京市海淀区紫竹院南路17号　邮编：100048
网　　址：	http://www.emph.cn　　电子信箱：qygl002@sina.com
电　　话：	编辑部（010）68416775　发行部（010）68701816
印　　刷：	河北宝昌佳彩印刷有限公司
版　　次：	2022年7月第1版
印　　次：	2022年7月第1次印刷
开　　本：	710mm×1000mm　1/16开本
印　　张：	16.75印张
字　　数：	185千字
定　　价：	68.00元

版权所有　翻印必究·印装有误　负责调换

序言

企业管理的真谛：欲望管理

欲望，是人类最基本的属性，乃生命的本能，是生命存在和繁衍的必要条件。欲望堪称生命强大起来的第一推动力，人的行为是由欲望驱动的。

欲望，也是推动企业进步的基本动力，对组织成员欲望的激发和控制构成了企业的管理史。每一家企业管理的成败、好坏、得失，背后映射的都是人性的逻辑，都是欲望的逻辑。

企业是一个欲望的共同体，企业欲望是由组织成员的个人欲望凝聚而成的，企业的运营是由企业欲望推动的，企业欲望的管理归根结底要落实到对组织成员个体欲望的驱动上。

一般而言，能力越强、智商越高的员工，内心的欲望、野心的张力也越强大。如何将这些渴望钱、渴望权、渴望出人头地的员工凝聚在一起，发挥出团队合力，在实现企业欲望的同时也满足员工个体的欲望和需求，是现代企业管理者要解决的基本问题。

企业用人，表面看是用人的才、人的能、人的德，可归根结底用的还是人的欲望。如何发现有欲望的员工，如何激发员工的欲望，如何管理员工的欲望，如何控制员工的欲望，构成了企业管理工作的核心控制点。从这个意义上讲，企业管理其实就是对员工的欲望的管理，企业管理工作的开展就是对员工的欲望进行发掘、梳理、激励、利用和制约。

企业管理工作的难点在于：每名员工的欲望都是不尽相同的，其欲望的取向及强烈程度也有差异。卓越的管理者善于识别、梳理员工的欲望，能够洞察其欲望背后的真实动机和需求及其迫切程度，并且能够通过管理手段将员工个体的欲望和需求融入团队、组织的大目标、大愿景和大欲望的框架之下，使之合而为一，让员工的行动能够向着企业总体目标靠拢、迈进。

管理说到底是借力，成功的企业管理者善于集团队之力、众人之欲来解决团队的、企业的问题。因此，管理者的核心任务不再是对员工的控制，而是释放员工的天性，是最大限度地激励员工的欲望、发挥员工的潜能。挖掘员工的内在欲求和能量，强化员工的工作动机，激发他们的参与感，唤醒他们的成就欲望和工作欲望……这些才是现代企业管理工作的真谛。

企业管理，其实就是管理员工的野心、梦想、欲望及状态等。当然，员工的欲望和野心的张扬不是无限制的，我们在张扬员工欲望和野心的同时，也要注意遏制员工过度的野心，也要做好员工欲望的控制，给员工带上"紧箍咒"，进行价值植入，使员工的欲望和野心的张扬始终处于企业价值观和制度的约束之下。如此，充满欲望的员工才不至于成为脱缰的野马，这样的员工组成团队才能真正成长为为了企业共同目标和愿景而齐心协力奋斗的团队。

对企业来说，员工是中流砥柱和核心资源，是维持竞争优势的核心力量，而欲望则是员工一切潜能的基本出发点。本书从欲望管理的角度出发，按照发现欲望、激活欲望、满足欲望、控制欲望的逻辑顺序分享企业管理的方法和艺术，可供各个行业的各级企业管理者参考使用。

最后，我要提前向读者致谢，感谢你们的一路陪伴！本书若有谬误疏漏之处，欢迎大家批评指正。

徐培杰
2020 年 12 月

目　录

第一章　管理，就是管理人的欲望

企业的日常管理离不开对欲望的激发和控制，所有企业管理的成败得失，其背后体现的逻辑都是人性的逻辑、欲望的逻辑。欲望也是员工一切潜能的基本出发点，只有正确地发现了员工的欲望，合理地管理了员工的欲望，有效地激活了员工的欲望，才能够发挥员工的作用，使其价值最大化。欲望是企业进步的基本动力。管理，归根结底就是管理人性，管理员工的欲望。

第一节　管理不是控制，而是释放 …………………… 003
第二节　企业竞争，上下同欲者胜 …………………… 007
第三节　企业管理，就是管理人的欲望 ……………… 012
第四节　带团队就是带野心、带梦想、带欲望、带状态 … 015
第五节　首先管理自己的欲望 ………………………… 020

第二章　发现高欲望型员工

　　将每项工作都当作自己的机会，抓住一切机会表现自己，积极进取，不断精进……这些特质是高欲望型员工区别于普通员工的外在识别符号。

第一节　找出拥有超我意识的使命主义者 …………… 029
第二节　具备成长的愿望与野心 ………………………… 034
第三节　目标不同，人生不同 …………………………… 037
第四节　愿意付出不亚于任何人的努力 ………………… 040
第五节　4种欲望类型的员工 …………………………… 044

第三章　欲望要和能力匹配

　　俗话说："没有金刚钻，揽不了瓷器活。"不错，即使员工的成就欲望再强烈，如果不具备完成工作最基本的知识和技能的话，也是难以有所成就的。因此，要设法让欲望型员工的能力和欲望匹配。

第一节　进取心和责任感匹配 …………………………… 051
第二节　欲望匹配能力 …………………………………… 055
第三节　授人以渔，传授高效做事方法 ………………… 060
第四节　优秀管理者必须知道的3件事情 ……………… 066

第四章　激发欲望第一步：了解动机

激发员工成功欲望的前提是了解他们追求成功的真正动机。人的行为都是由相应的动机来驱使的，有明确的目标导向。动机是行为的一种诱因，也是激发行动的内驱力，对员工的行动有着明显的激励作用。

第一节　了解员工追求成功的真实动机和需求 ………… 073
第二节　尊重员工，才能将其潜能释放 ………………… 078
第三节　将岗位职责转化为员工个人欲望 ……………… 084
第四节　构建心理契约，给员工一个心灵的归宿 ……… 089

第五章　目标指引：诱发热情，激发欲望

人们面对某个目标、接受某项工作时，通常会有所期待，期待达成目标后的成就感和喜悦感，心理学上称这种现象为"达到欲望"。如果目标和任务看上去比较简单，比较容易实现，人们能够预想到完成后的成就感，那么，"达到欲望"就会得到充分激发，就会激励人们去完成任务；相反，如果目标太高、任务太难，人们的"达到欲望"就会受到抑制，会对目标充满畏惧感，行动力会受到干扰，缺乏干劲，甚至会拒绝接受任务。

第一节　目标是压力，压力是动力，动力是效力 ……… 095
第二节　目标的挑战性：不高不低 ……………………… 099
第三节　采用"心理除法"战术，激发"达到欲望" …… 103
第四节　将个人目标融入团队目标 ……………………… 106
第五节　树立学习的标杆 ………………………………… 111

第六章 授予权限：重任在肩，干劲冲天

管理员工，尤其是欲望型员工，要学会给他们压担子，给他们更多的压力和挑战。让员工充分施展才华、发挥潜能，就要敢于给他们压担子。给员工压担子，会使其产生被信任感和高度的责任感。俗话说，多深的基础多高的墙。但是，基础本身并不会"砌成"高墙。要在深基础上"砌成"高墙，最重要的条件就是给员工提供用武之地，给员工压担子，使他们敢于挑战自己、超越自己，不断获得新知识、掌握新本领，不断去创新，不断去做挑战性强的工作。

第一节　给欲望型员工压担子 ············· 119
第二节　成功的管理来自充分授权 ············· 124
第三节　授权不等于放任，还要监控 ············· 130
第四节　善用激励杠杆 ············· 135

第七章 决策机制：让员工参与决策，病猫变猛虎

提高员工参与度的关键在于让员工参与决策，这既是对员工的重视，也是对其能力的肯定，可有效唤醒员工的心流状态，将传统的自上而下式的"管理层决策"转化为去中心化的"群策群力"；同时，由于员工参与了决策，提供了意见、做出了某种承诺，因此能够产生员工承诺的"社会期望效应""社会唤醒效应"，使之处于公开状态和公众监督状态，有助于提升执行的效率和效果。

第一节　"达成共识式"管理 ············· 143
第二节　唤醒员工心流：将"管理层决策"转化成
　　　　"群策群力" ············· 148
第三节　容纳不同声音，提升决策水准 ············· 153
第四节　决策应民主，执行须集中 ············· 157

第八章 危机意识：保持危机感，化危为机

进行危机激励的最终目的并不是让员工收获危机感，它只是一种管理手段，真正目的是激励员工借此来不断提升自己的欲望和野心、挑战自我、激发潜能、追求卓越。

第一节 增强员工的危机意识，提升团队对成功的渴望 … 163
第二节 清除阻碍欲望型员工激情的负面情绪 …………… 167
第三节 警惕员工管理中的"劣币驱逐良币"现象 ……… 173
第四节 建立淘汰机制，实现新陈代谢 …………………… 177
第五节 提升管理者自身的抗击打力 ……………………… 181

第九章 分钱机制：激发员工无限动力

将人才视为资源，而非成本，给予他们相应的报酬和物质激励，敢于分钱才是领导者和管理者应具备的格局，员工的潜能和欲望才能从根本上得以释放。

第一节 转换观念：人才是资源，而非成本 ……………… 187
第二节 构建经济契约，进行本源激励 …………………… 191
第三节 一手抓梦想，一手抓收入 ………………………… 196
第四节 完善价值评价和价值分配体系 …………………… 203

第十章　晋升机制：人人都有上升通道

　　传统的晋升模式多是管理通道的晋升，机会有限，很难满足大部分员工渴望上升通道的欲望。多通道晋升机制，则是在单一的行政等级晋升这一条职位发展通道上衍生出来的具有多种非行政等级晋升通道的机制，如技术通道、内部顾问通道等。多通道晋升机制能够满足不同个性员工的需求，更为人性化。

第一节　培训和成长的机会 ………………………… 211
第二节　多通道晋升机制的魅力 …………………… 217
第三节　高欲望员工的职业生涯规划 ……………… 222
第四节　建立终身合伙人事业制 …………………… 228

第十一章　控制员工的欲望：有所敬畏，才能有所约束

　　有欲望却不守规矩的，容易出事；没欲望只守规矩的，容易误事；有欲望又能守规矩的，才能成事。有规矩、守规矩，是企业成功的必备前提。只有将员工的欲望限制在制度、规则的范畴内，使其有所敬畏才能有所约束，而不至于失去控制。

第一节　平衡管理者和员工的欲望 ………………… 235
第二节　价值植入：给员工戴上"紧箍咒" ………… 239
第三节　成王败寇，一切凭结果说话 ……………… 245
第四节　人人都要有绩效考核标准 ………………… 249
第五节　要敬畏制度，才能有所约束 ……………… 254

第一章
管理，就是管理人的欲望

·管理不是为了控制，而是为了释放，释放员工的工作热情，激发员工的工作欲望。

·企业竞争，上下同欲者胜。上下同欲者胜是建立在企业愿景、目标、业务逻辑完全统一的基础之上。

·管理，归根结底就是管理人性，管理员工的欲望。

·心态决定状态，状态决定结果，带团队就是带野心、带梦想、带欲望、带状态。

·伟大不是管理别人，而是管理自己。管理者只有先管理好自己的欲望，才能有效管理他人的欲望。

导读

第一节　管理不是控制，而是释放
第二节　企业竞争，上下同欲者胜
第三节　企业管理，就是管理人的欲望
第四节　带团队就是带野心、带梦想、带欲望、带状态
第五节　首先管理自己的欲望

第一节　管理不是控制，而是释放

人力资源是企业的核心资源，是维系竞争优势的核心力量。企业的一切问题归根结底都是人的问题，所有的管理工作都要围绕人来开展。

某次企业高峰论坛上，通用电气前CEO韦尔奇就管理问题和同行进行了深入探讨。

有人问："请您用一句话来总结通用电气最根本的成功原因。"

韦尔奇答："是用人的成功。"

有人问："请您用一句话说明高层管理者最重要的职责。"

韦尔奇答："把世界各地最优秀的人才招揽到自己麾下。"

有人问："请您用一句话概括自己最主要的日常工作。"

韦尔奇答:"将50%以上的时间花在选人、用人上。"

有人问:"请您用一句话概括自己的最大兴趣。"

韦尔奇答:"发现、使用、爱护和培养人才。"

有人问:"请您用一句话概括自己为公司做出的最有价值的一件事情。"

韦尔奇答:"在退休前选定好继任者伊梅尔特。"

有人问:"请您用一句话概括自己的领导艺术。"

韦尔奇答:"让合适的人做合适的工作。"

韦尔奇所有的答案都是围绕着用人,用人对于企业管理者的重要性不需多言。

管理就是通过别人来达成工作目的,管理之道唯在选人、用人与管人,人才是事业之根本。

在企业用人问题上,依文企业集团董事长夏华的观点很有代表性,在他看来:"管理说到底是借力。失败的领导者以其一己之力解决众人问题,成功的领导者集众人之力解决企业问题。经营企业的过程是一个借力的过程,只有越来越多的人愿意把力借给你,企业才会成功。"

任正非写过这样一篇文章,叫作《一江春水向东流》,文中有下面这样一番话。

"我后来明白,一个人不管如何努力,永远也赶不上时代的步伐,更何况是在知识爆炸的时代。只有组织起数十人、数百人、数千人一同奋斗,才摸得到时代的脚。我转而去创建华为时,不再是自己做专家,而是做组织者。在时代面前,我越来越不懂技术、越来越不懂财务、半懂不懂管理，如果不能民主地善待团体中的每一个人，充分发挥各路英雄的作用，我将一事无成。"

任正非自称什么都不懂，但华为依靠团队和众人的力量依然取得了成功。任正非的价值在于"使众人行"，以奋斗者为本，激发出整个组织的战斗力。

使众人行，怎样选人、用人和管人，是各级企业管理人员的一项重要职责。当然，选人、用人与管人的学问也是博大精深、奥妙无穷的。

衡量企业管理者是否胜任，并不是看其能力有多强，关键是看其能否懂得管理、协调及用人，能否懂得信任并借助下属的力量和智慧来达成组织、团队的目标。

衡量一个企业管理者能力高低的主要标准不是业务能力，而是用人的能力，是借力使力的能力。

企业管理者是否具备一流的领导力，不在于拥有多少资源，而在于能利用好多少资源、整合好多少资源，要善于用人、善于借人之力。

优秀的企业管理者，不在于会做多少具体的事务，因为一个人的力量毕竟是有限的，只有发动大家的力量才能战无不胜、攻无不克。企业管理者尤其要加强培养、驾驭人才的能力，要知人善任，了解什么时候什么力量是自己可以利用以助自己取得成功。

四两可以拨千斤，聪明的企业管理者总会利用众人的力量和智慧获得成功，其最大的本事应是"使众人行"，发动下属、团队做事。如何"使众人行"？这就需要理解管理的真谛所在。管理一词，容易让人联想到"管控""上下级对立""监督"等词汇，然而，德鲁克在多年前就指出："管理者的任务不是'管理'人，而是'引导'人。人员管理的目标就是让每一个人的长处和知识发挥作用。"所以，企业管理工作的目的不是对员工的控制，而是最大限度地激励员工，发挥员工的能力，使员工有所成就，挖掘员工内在的力量和智慧，激发员工的工作动机和参与感，唤起员工的工作激情和欲望。一旦从这个视角审视管理工作，你就不难发现，管理不是控制，而是释放，释放员工的工作欲望，激发员工的工作热情。

第二节　企业竞争，上下同欲者胜

《孙子兵法》云："上下同欲者胜。"企业绩效好不好，很大程度上取决于上下之间有没有共同目标，有没有共同的行动欲望，能不能团结一心、步调一致。上下同心同德则无往而不胜；上下离心离德则一盘散沙，不攻自破。

"上下同欲者胜"是建立在企业愿景、目标、业务逻辑完全统一的基础之上的。

一、被大家认可的愿景

好的企业管理者都是"造梦"大师。"造梦"是一种愿景层面的激励，帮助员工点燃心中的欲望之火，让员工对未来美好的前景充满憧憬，对之深信不疑，以此来激励自己朝着目标前进，而对中途的挫折与挑战无所畏惧。

著名心理学家马斯洛说："每一个自我实现的人都献身于某一事业、号召、使命和他们所热爱的工作。"马斯洛晚年曾从事对杰出团队的研究，发现他们最显著的特征便是具有共同的愿景与目标。而且，特别出色的组织或团队里的个人目标与团队愿景已经无法分开了。

从理论上讲，任何一个企业都需要一个愿景，否则，企业就缺乏凝聚力，更缺乏持久的战斗力。

管理大师德鲁克认为企业要思考3个问题：第一个问题，我们的企业是什么；第二个问题，我们的企业将是什么；第三个问题，我们的企业应该是什么。

其实，德鲁克提出的这3个问题体现的就是一个企业的愿景。也就是说，企业愿景需要对以下3个问题做出回答：第一，我们要到哪里去；第二，我们的未来是什么样的；第三，我们的目标是什么。

愿景是一个企业里所有成员永远为之奋斗希望达到的图景，它是一种意愿的表达，愿景概括了未来目标、使命及核心价值。

从整个企业层面而言，愿景是指企业更高层次的追求，介于信仰与追求之间，是企业的中期追求，类似于人们常说的理想，愿景比信仰低一层（信仰通常是永恒不变的），比追求高一层（追求通常是短期的）。一般而言，愿景都不是一朝一夕可以完成的，正因如此，将愿景进行分解、传达，让员工接受、认同，就更显其必要性，使之同每一名员工息息相关，才能真正做到上下同欲。

如何分解、传达愿景呢？需要注意以下3个问题。

第一，按企业内部不同的岗位分解。企业中不同岗位上的员工，往往在个人愿景上存在很大的差异，大家面临的问题、关注的利益点都是截然不同的。这种情况下，就要找到大家求同存异的契合点。就团队管理者而言，应该结合团队的实际情况，对企业愿景进行"分解"，并且将之融合到每一名员工的具体工作和个人欲望中去。

第二，按不同的阶段分解目标。企业愿景通常是比较长远的目标，很难一朝一夕达成。因此，为了让员工感觉到目标的可实现性，让员工看到目标达成的希望，就需要对目标进行阶段性分解，在不同的阶段达成不同的任务。

第三，找到愿景的支撑点。企业的愿景需要支撑点，管理者要将企业愿景具体化为团队愿景。比如，一个售后服务团队如果将自己的愿景定位为"员工心情舒畅、充满活力地为用户创造价值的同时体现出自身的价值"，那么，这一愿景的背后就存在着服务顾客、追求卓越的精神和迅速反应、立即行动的作风，以及人人是人才、赛马不相马的人才竞争理念……诸如此类的支撑点、要点才是实现团队愿景的关键。

二、拥有共同的目标

上下同欲者胜，首先要有一个员工都一致认可的目标，这个目标足够让员工兴奋起来、行动起来。它可以激发员工的内在潜能，达到调动员工积极性的目的；同时，这也是团队目标以人为本、尊重个人的体现，它能激发员工自动自发的工作意愿，善用它将是成功的保证。

5个人组成的篮球队与4个人组成的篮球队比赛，得分的差距不一定是5比4，很有可能是5比0；一个几千人的手机装配工厂，只要其中一组人不工作，其产品就无法出厂，因为谁也不会购买有缺陷的产品。

一个企业里，大家的心态、观念、能力不会一致，正所谓"百姓百心"，作为一个领导者，就必须具备妥善处理团队中"百姓百心"的能力，大家努力拧成一股绳，树立共同的团队目标。

科学合理的组织目标一定是和谐的、统一的，能够把组织目标和个人目标有机统一在一起。如果仅仅有组织的目标而忽视组织成员的个体需求，这样的企业仍然不会有很高的绩效。

构建共同的奋斗目标，要求企业管理者做到以人为本，也就是要求企业管理者不仅要重视整个团队目标的实现，同时要关注团队成员个人的目标，要容纳、接受每个人的内在需求，尊重个性差异，实现团队目标和个人目标的和谐、统一，实现个人与个人、领导和下属之间的和谐、统一。这样，才能有效增强团队的生命力和战斗力。

三、业务逻辑、工作思路统一

组织愿景、目标确定后，需要思考完成目标的业务逻辑是什么、业务怎么开展、市场怎么开发。只有业务逻辑清晰，企业才能集中资源，重点突破。业务逻辑的统一要确保企业沟通渠道畅通且沟通不失真。否则，从企业决策层到一线的执行层，层层递减后，执行效果就会大打折扣。

  有了统一的业务逻辑之后，剩下的就是怎么落实了，各部门、各工种之间工作方法可以不统一，但工作总的指导思路要统一。尤其在业务推进上，不能各立山头、各自为战，而应讲究协同作战、数据共享、口径一致、求同存异、取长补短。这样一来，上下同欲者胜的局面才会出现。

第三节 企业管理，就是管理人的欲望

企业经营管理离不开欲望的驱动。创办企业的人能够在不耕不织及不偷不抢、不违法不犯罪的前提条件下，将社会上的财富以一种合法而又合理的形式聚拢起来是很了不起的。毫不夸张地说，经营企业几乎是一件天底下最困难的事情，这需要经营者具备超凡的个人品质与经营运作能力。这些企业家、经营者骨子里不仅有创业精神，更有强烈的成就欲望。

企业的日常管理离不开对欲望的激发和控制，所有企业管理的成败得失，其背后体现的逻辑都是人性的逻辑、欲望的逻辑。欲望也是员工一切潜能的基本出发点，只有正确地发现了员工的欲望，合理地管理了员工的欲望，有效地激活了员工的欲望，才能够发挥

员工的作用，使其价值最大化。欲望是企业进步的基本动力。

管理，归根结底就是管理人性，管理员工的欲望。

人们常讲无欲则刚，这个观点不仅是违背人性的，更是违背管理的基本逻辑的。企业应是充满进取心和欲望的，正是所有成员的欲望感才使得企业不断进取、不断创新、不断攀登新的高峰。只有充分催生出员工的欲望，才能使整个企业充满活力、更具攻击性、更具竞争力。管理者要明白，世界属于那些欲望强烈、永不知足的人，那些有创造力的人都有强烈的欲望。

用人也好，企业日常管理工作也好，表面上看是用人的才、用人的能、用人的德，可实际上用的都是人的欲望，管理的也是人的欲望。发现有欲望的员工，激发他们的欲望，管理好他们的欲望，控制好他们的欲望，是管理工作应该把握好的核心要点。

管理其实就是管理人的欲望，管理的过程就是对欲望的发掘、梳理、激发和制衡的过程。

一流的企业管理者都善于识别、梳理员工的欲望，能够洞察员工哪些欲望和需求是现实的、紧迫的，同时也善于将这些欲望整合嫁接到企业的整体愿景、目标之上，形成组织合力，让企业成为一个"上下同欲、利益与共"的命运共同体。

管理工作之所以很难开展，也在于每一个人都是不同的，大家的欲望也都各不相同，欲望的取向与强烈程度也不尽相同。作为企业管理者，最重要的工作是通过对欲望的识别、开发、激励和控制来抓住员工的心。

企业管理者不但要允许员工有欲望，还应该积极鼓励他们有欲

欲望管理

望、充满信心地实现个人欲望。如此一来，他们才有为之奋斗的目标和努力工作的动力，才能成为团队、组织的事业合伙人，企业才能成为真正意义上的事业共同体、利益共同体、命运共同体。

员工的欲望主要表现在两个层面：物质层面、精神层面。

物质欲望是人们最基础的欲望，就企业的员工而言，物质欲望是对物质报酬的诉求，员工加入企业，最直接、最朴素的诉求就是对物质、对财富的追求。企业能否在物质层面满足员工的欲望，能否把钱分好，将直接决定管理工作的成败。

精神层面的欲望，主要表现为对安全感的追求，对成就感、荣誉感的追求。追求安全感是人与生俱来的本能，越是欲望强烈的人，其内心的不安全感往往越强烈。为了消除员工的不安全感，需要在企业内部形成抱团取暖的氛围，以此来共同面对充满了风险、未知、恐惧的世界，形成类似华为公司"胜则举杯相庆、败则拼死相救"的企业文化。对成就感、荣誉感的欲望，则是员工更高层次的追求，是一种成长的欲望和野心。满足员工的此类欲望，要求企业管理者要将名（荣誉）、权（升职）分配好，同时给予员工充分的尊重与信任。

第四节　带团队就是带野心、带梦想、带欲望、带状态

对当今企业的管理者而言，核心要务在于围绕自己的团队有效地发挥应尽的领导职责，施展自己的领导能力。概括地讲，这种领导职责表现在两个方面，即抓业务和带团队。

所谓"抓业务"，就相当于部队中的"能打仗"，即专业素质过硬，能够迅速妥善处理各种业务上的难题，能够充分运用并合理配置团队内外部资源以创造最大化价值的所有活动。

所谓"带团队"，就是要做一名能够率领、带动、感染、激励团队成员朝着既定目标勇往直前的"领军人物"，积极主动地培养和提升团队成员的业务能力和综合素质，促使他们不断地成长，让他们

变得更加优秀。

从一定程度上说,"带团队"之于领导者的重要性更甚于"抓业务",哈佛商学院著名教授琳达·希尔曾花费了大量时间对职业经理人的成功要素进行调查研究,最终得出的结论是:"主管成功的关键在于做好两项重要的角色转换工作。首先,从'做事者'转变为'管理者';其次,要从'专业工作者'转变为'企业经营者'。"

做领导,关键要会带团队,要致力于带出素质过硬、充满成就欲望、能打胜仗的团队。心态决定状态,状态决定结果,带团队就是带野心、带梦想、带欲望、带状态。

拥有野心、梦想、欲望的团队,一定是具有高度凝聚力的团队。举个简单的例子,我们都知道用拳头打人比用单个手指或巴掌打人的力度大,这是因为拳头攥紧时整个手掌的力量会全部凝聚到拳头上,所以,力量就强大。简单来说,这种拳头生发出的力量就是凝聚力。

一个没有凝聚力的团队,就是一只张开的手掌,充其量只是一个拼凑起来的群体,是没有群体合力的。

一个没有凝聚力的团队,领导纵使手下有千军万马,也不过是一盘散沙,难以形成强大的战斗力。

在一个企业中,当工作进展缓慢时,许多管理者总是徒劳地大声呼喊:"我们一定要加强团队合作,要讲奉献,要上下同心,我们的工作将无往而不胜。"说这些话的管理者往往不知道员工究竟是"不会做"还是"不愿做",又或者是由于资源缺乏而"不能做",从而很难让员工的力量凝成一股绳,高效地完成工作目标。

作为团队带头人，必须要有聚拢团队的能力，要把大家的力量拧成一股绳，让团队成员充满欲望、野心、梦想，斗志昂扬，这样的团队才有凝聚力。高凝聚力、高欲望型团队的形成，需要满足以下几个要素。

1. 团队依靠精神聚众。激励团队成员的欲望和积极性，是企业管理者责无旁贷的职责。如果没有超越个体生命的东西作为精神支撑，如果没有团队精神，很难把队伍打造成铁板一块；同样，没有精神力量的支撑，团队成员的欲望、野心、梦想也是难以持久的，做事情很容易知难而退、遇挫则止。

团队精神是大局意识、协作精神和服务精神的集中体现。团队精神要求团队成员有统一的奋斗目标或价值观，而且需要相互信赖。团队精神达成需要适度的引导和协调。团队精神强调的是团队成员间的合作态度，为了一个统一的目标，大家自觉地认同肩负的责任并愿意为此目标共同奉献。

2. 团队成员充分张扬个性。高欲望型的团队，其团队成员必定是个性张扬的。电视剧《亮剑》中有下面这样一番对话。

赵刚："我明白了，一支部队也是有气质、性格的，而这种气质、性格和首任的军事主官息息相关，他的性格强悍，这支部队就强悍、就'嗷嗷叫'，部队就有了灵魂。从此，无论这支部队换了多少茬人，它的灵魂仍在。"

李云龙："兵熊熊一个，将熊熊一窝。只要我在，独立团就'嗷嗷叫'，遇到敌人就敢拼命。要是哪一天我牺牲了，独立团的战士也照样'嗷嗷叫'。我就不相信他们会成为棉花包！为什么呢？因为我

欲望管理

的魂还在！"

李云龙带领的队伍无疑是最具欲望、最具战斗力的团队，而这样的团队是由激情张扬的个体组成的，它是一个"嗷嗷叫"的、个性张扬的欲望型团队。

显然，欲望型团队的关键在于带头人，它要求领导者本人首先必须充满激情和欲望，野心勃勃，如此才能将这种激情传导给团队成员；同时，领导者还要有容人之肚量，能够容得下团队成员的个性张扬及雄心勃勃。

3. 让大家感到由衷的自豪。能让团队成员产生自豪感、成就感的团队，是永远也打不散、垮不掉的，团队成员也不会轻易离开，更不会背叛团队。即使离开，他们也会对团队念念不忘。让团队成员产生自豪感、成就感、荣誉感、归属感等情感是团队建设的理想状态。

很多人都有参加同学聚会的经历，聚会上大家谈论最多的是各自的工作和事业，当问及一个人的工作单位时，他（她）作答的心态和语气肯定是不同的。

"阿里巴巴，从事研发工作！"

"华为，搞销售的！"

"摩根大通，金融街上班！"

…………

上面这类答案，说者通常底气十足。

"一个小公司，混口饭而已。"

"一家小私营企业，工作不好干啊！"

"还是给人打工……"

上面这类答案，说者没有底气，也缺乏自信，他们怕在同学面前丢了面子，不敢过多谈起自己的工作。

这些不同答案的背后，其实都是人的自豪感在作祟。如果任职于一个比较知名的公司或团队，自豪感就会油然而生；否则，就没有这种感觉。所以说，衡量一个团队的成功与否，一个很关键的标准在于它和它的管理者能否给其成员带来自豪感。

第五节　首先管理自己的欲望

伟大不是管理别人,而是管理自己。领导力大师麦克斯威尔从3个角度说明领导自我是多么重要:如果我不能领导自己,别人就不会跟随我;如果我不能领导自己,别人就不会尊重我;如果我不能领导自己,别人就不会与我合作。

王石就是一个善于管理自己的领导者,对此,冯仑曾在一篇文章中说:"我经常跟王石出去爬山。他大约用了5年多时间把七大洲的最高峰都爬完了,也到过南极点、北极点,对于当时已经年过50的人来说,这样很不简单。那么,他是怎么做到的呢?我发现我们和他最大的区别在于他能管理自己,这就是他能爬遍高山的原因。比如,他说几点进帐篷就几点进帐篷。再如,为了保持体能,食物再难吃他也吃，而我觉得不好吃就宁愿挨饿。又如，在山上应该下午5时睡觉，我一聊高兴了晚上8时才睡，第二天肯定爬不了山。在珠穆朗玛峰海拔7000多米高度的地方，不管别人说风景多好，他都克制自己不出帐篷，因为动一次能量就损耗一次……王石对自己非常负责任，时时管理自己。他说不做什么就是不做什么。管理自己也就是自律，是一种重要的品质……所以，据我观察，伟大就是管理自己。"

是的，伟大就是管理自己。作为一个领导者，如果你连自己都管理不好，你也就失去了领导别人的资格与能力。

从欲望管理的角度看，管理者只有首先管理好自己的欲望，才能有效管理他人的欲望。管理者对个人欲望的管理，表现在以下几个层面。

① 尽性，扩张欲望。如同尼采主张的"生命本能，强力意志，积极进取"一样，管理者在企业中应该做到充分尽性，将合理的个人欲望扩张到极致，将之转化成为达成组织、团队目标的激情和战斗力，做一个欲望型领导者。那么，欲望型领导者的自信是从哪里来的呢？

第一，来自于强烈的使命感。一个没有使命感的领导者，一定是一个缺乏远大志向的人、一个缺乏欲望而畏惧困难的人。优秀的领导者有着强烈的事业心，他们把组织的兴亡与个人的命运紧紧地联系在一起。领导者不仅自己具有为使命献身的崇高精神，而且能够使自己的部属也同样具有这样的使命感。有了这种使命感，领导者就会尊崇勇气和胆量，对未来充满希望和信心。

第二，来自于对事业的热爱。总是抱怨工作太难、太苦、太累的人是无法成为欲望型领导者的。相反，在他人看来非常辛苦的事情，你却乐此不疲，那就说明你有着成为优秀领导者的潜质，毕竟，领导工作就是劳心费神的。

第三，来自于对事业的追求。成功需要勇气和专心致志。没有退路，才会有出路。爱默生讲："自信是成功的第一秘诀。"欲望型领导者相信自己总有一天会成功，他们仔细研究成功领导者的各种行为，学习那些成功领导者分析问题、解决问题、做决策的方式，并且留意成功领导者如何应对危机。最后，他们终于凭着"我就要登上巅峰"的自信心达到了目标。

② 将个人欲望转化为领导责任。领导者不仅要对个人负责，更要对整个团队或组织负责，而欲望是事业的驱动力。因此，领导者要有意识地将自己的合理欲望转化为领导责任和整个组织或团队的进取心，才能顺利实现自己的合理欲望。对于该过程中出现的一切问题、麻烦，领导者都要负责到底，不可推卸责任。

德鲁克认为，领导不是等级、特权、名头或金钱，它是一种有责任的工作。在我国，也经常称一些企业的领导者为"负责人"，可以说是寓意深刻，所谓"负责人"，就是要切实负起责来。否则，出现了问题你就推脱责任，那么，你这"负责人"显然是不称职的。反过来说，一个称职的领导者同时也是一个敢于负责任的领导者，不仅要对自己的工作负责，当员工犯错时也要挺身而出、承担责任，这样才会得到员工的敬佩与爱戴。

企业管理者，作为一个组织、一个团队的负责人，就是责任者，其本身就应该承担责任。

作为企业领导者，不管你的权力有多大，都应该在自己的权限范围内承担起相应的、最大的管理责任：外部出了问题，要从内部找起；员工出了问题，要从自身找起；工作出了问题，要从自身找起；经营出了问题，要从管理找起；今天出了问题，要从过去找起。这才是企业领导者应该具备的理性思维方式。如此，员工才能无后顾之忧，上下同欲的局面才会出现。

③ 有所敬畏，控制不当欲望。企业管理者，在特定问题、特定情况下，也有必要做到"无欲则刚"，控制不必要的欲望，节制不良欲望，以免受欲望的被动支配，这样才不会被人利用、被人牵着鼻子走。

作为企业管理者，面对各种诱惑，有所敬畏显得尤为重要。

有所敬畏，可守底线，是企业管理者欲望管理的另一方向，可以避免自己滑入不当欲望的深渊。

企业管理者的底线表现在要具备基本的信托责任。何谓信托责任？看完下面这个故事，读者或许能找到正确答案。

16世纪的西方大航海时代，为了寻找梦想中的黄金与财富，很多冒险家在一些商人的财力支持下远航寻找宝藏。1533年，英国伦敦有240名商人也禁不住诱惑，加入了这一行列。

240名商人每人出资25英镑，买了3艘海船，雇了一批水手，组成了一支"寻金舰队"，旗舰被命名为"莫斯科号"。

240名商人对临时招募来的水手不太信任，他们担心水手出海找到金银财宝就再也不回来了，水手甚至可能直接将船卖掉，分钱后

欲望管理

一哄而散。但是，商人们并没有太好的控制之策，他们能做的只有无条件信任那些水手。为此，商人们甚至还专门发明了一个新词——Trust（信托），以此来形容当时他们复杂的、矛盾的心情。

最后，水手们还是远航了。不幸的是，船队刚一出海就遭遇了大风暴，两艘船刚到挪威外海就被风浪打沉了。只剩下唯一一艘"莫斯科号"继续向前航行，直至到达了北极圈，再也无法向前行驶。200多名水手下船登岛，他们用带来的各种货物同岛上的居民交换到了很多当地的貂皮等特产。然后，他们返航回到了伦敦。那些换来的货物果然卖了一大笔钱。船长和水手们没有食言，他们如约将所有钱财都交给了他们的委托人——伦敦的240名商人。而他们用来交换貂皮的那个地方，就被他们用旗舰的名字命名为"莫斯科"。后来，因为这次经历，"莫斯科号"的船长和水手再出海寻宝，更多的商人愿意出更多的佣金雇佣他们，就像股票市场一样，他们的"市盈率"非常高。

这个故事被越来越多的人知道、传诵，人们议论纷纷：什么样的人才能得到最高的"市盈率"？那一定是有信托责任、有良好信誉的人，人家把钱交给你以后，你不会挥霍、随便乱花，你下次再筹款的话，就能筹到更多的钱。所以，"市盈率"最初的含义就是这么来的，它是和受托人的信托责任、是否具备良好的信誉密切相关的，它诞生于1533年。

从那以后，信托责任便成了包括那些船长在内的职业经理人所信奉的基本价值观，也就是"公职即公信"，西塞罗把之解释为："如果一个人担任了某一职务，他就是这一职务上的官员，他就承担了一定的义务，他就应该是负责任的、讲信誉的。"同时，人们把与这个职务相连的权力放心交予他，相应地就会期待他能够有责任心地行使这个权力，在处理事务时充分考虑他人的利益。这样的原则在后来逐渐演变成了文明社会的共识。

对于今日的企业领导者来说，更要具备这种信托责任，具有领导者的基本信誉，让公司放心，让员工放心，才能为自己赢得更高的"市盈率"。

第二章
发现高欲望型员工

- 只有极少数员工是拥有超我意识的使命主义者，具有强烈的成就欲望，管理者要致力于找到这类欲望型员工，予以重点培养。
- 高欲望型员工具有强烈的成就渴望，渴望得到物质回报或权力回报，看重未来的成长空间。
- 欲望只是高成就者展示给他人的表象，更重要的是：他们愿意坚守自己的目标，常年如一日地自律、付出努力。
- 真正的高欲望型员工是坚定不移的行动派，愿意为实现个人欲望和组织目标付出努力。
- 不同类型的员工其欲望类型和强烈程度也不同，需要采取的管理方式和激励措施也不尽相同。

导读

第一节　找出拥有超我意识的使命主义者
第二节　具备成长的愿望与野心
第三节　目标不同，人生不同
第四节　愿意付出不亚于任何人的努力
第五节　4种欲望类型的员工

第一节　找出拥有超我意识的使命主义者

只有极少数人是拥有超我意识的使命主义者，比如乔布斯，他们具有强烈的成就欲望，自动自发，企业管理者要致力于找到这类欲望型员工，予以重点培养。

一般而言，企业内部的员工可分为3种类型：胜任者、储备干部、合伙人。

第一种类型，胜任者。他们能够满足工作岗位的基本要求，中规中矩地完成工作，不会让人太失望，也不会给人带来惊喜。他们习惯将工作做到刚好满足最低标准的合格档次，极少主动对工作进行优化提升，每天按部就班，能够获得"尽职本分"之类的评价，

欲望管理

但几乎不可能达到出类拔萃的程度。在很多企业中，这类员工占据主体，位于金字塔底部，拥有庞大的基数。如果管理者希望企业更卓越、希望大多数员工更具进取心，应尽量减少这类员工的比重。毕竟，他们业绩下滑的可能性比上升的可能性要高得多。以这种态度对待工作的人不在少数，他们认为自己就是给企业打工，只做与自己职责相关、与所得薪水相匹配的那些工作，只盯着自己分内的事，不想额外多干一点活儿，甚至经常以领导苛刻为理由，连自己分内的工作都做不到尽心尽责，敷衍塞责，虚度时日，被动地应付上司分派下来的工作。几年过后，除了拿那点薪水，毫无所获。

第二种类型，储备干部。所谓储备干部，即现有员工中的佼佼者，也是企业将来重用、提拔的对象。储备干部，除了要创造必需的业绩、具备基本的领导潜质之外，更关键的是他们在基层岗位上已经做出了让企业管理者不得不去注意、不得不另眼相看的工作成就，具有强烈的上进心和成就欲望。

谢英，来海底捞工作之前是一个普通的农村妇女。2010年，36岁的谢英已经成长为海底捞北京分公司的一个区域经理，管理6家门店和上千名员工。黄铁鹰称之为"是个被海底捞'硬造'出来的管理者"。

起初，谢英在海底捞做传菜员，后来又被安排做员工餐。别看是家庭主妇出身，负担这种大分量的员工餐，谢英还是头一回。结果，做出来的米饭不是生就是糊，菜的口味大家也不喜欢。员工怨声载道，纷纷向领导反映情况。店长于是找吴英谈话，下了最后通牒，再做不好就走人。有了危机感，谢英开始认真琢磨如何把饭做好，半夜睡不着，还在琢磨怎样炒菜更好吃。这一用心不得了了，饭、菜的口味确实变了，谢英保住了工作，留了下来，一直做了两年多的员工餐，后来又做前厅服务员。

有一天，海底捞总裁张勇让谢英做大堂经理，这下可把她吓坏了，心想：自己一个做饭的哪能当经理。

谢英说："我后来也在想张总为什么提拔我。那时，海底捞只有三四家店，张总经常来我们店里看看、转转。我的工作很单一，就是做员工餐。员工餐做完后，我每天至少还主动帮忙做三四项工作，比如帮助厨师切菜，因为我做饭的地点也在餐厅厨房；帮着后厨洗漏勺；帮服务员发毛巾。总之，凡是我能做的我都帮着做。本来，我可以早下班，因为做员工餐要早上班，但我每天都会多做几个小时的活儿。可能是张总经常到我们店，观察到了。"

谢英当了经理，还做得很好。谁能想到，这个曾经的农村妇女、如今的区域经理，不仅学会了开车，还在北京安了家，把家人都接到了北京。

这些转变，海底捞的"硬造"和张勇的慧眼识珠固然是一方面的因素，但谢英个人的工作表现和上进心恐怕才是促成这种质变的根本所在。

第三种类型，合伙人。合伙人是企业的核心人才，是企业主的同盟军，风雨同行，共进共退，共同抵御风险，分享企业收益。除了创业时期的元老合伙人及具备核心资源的合伙人外，能成为企业主事业合作伙伴的员工主要具备如下特点。首先，能够独当一面。比如小米公司的7个合伙人，在各自领域的经验极其丰富，分别来自金山、谷歌、摩托罗拉、微软等知名企业，有"本土牛人"，有"海归精英"，中西结合，大家理念一致，大都管理过好几百人的团队，充满创业热情。其次，是又红又专的人才。又红又专，是史玉柱的用人理念。在他看来："红，指人品好；专，指业务好。任何一个团队，你在周围找人，都是能找到合适的人的，又红又专的人都是能找到的……又红又专的合伙人多是从基层员工成长而来，多是内部培养。"

卡耐基有一个观点："有两种人注定一事无成，一种是除非别人要他去做，否则绝不会主动做事情的人；另外一种则是即使别人要他做，他也做不好事情的人。那些不需要别人催促就会主动去做应该做的事情，而且不会半途而废的人必定成功，这种人懂得要求自己多努力一点、多付出一点，而且比别人预期的还要多。"卡耐基提到的其实是3种类型的员工，一种是胜任者，一种是不胜任者，一种是主动型的员工。主动型员工就是欲望型员工，包括上述分类中的储备干部和合伙人，他们具有强烈的超我意识和成就欲望。

拥有超我意识的员工，除了以上表现，还有如下所述的共同特质。

1. 忠诚度高。一般而言，一个忠诚的人，企业管理者是不舍得让他走的，他会成为企业中最有发展前景的员工。

2. 非常敬业。随着社会的进步，人们的知识背景越来越趋同，学历、文凭已不再是企业挑选员工的首要条件。很多企业考察员工的第一条件就是敬业，其次才是专业水平。

什么是敬业呢？周鸿祎下面的这番话，我想是最好的答案。

"我自己当年，无论我在方正打工，还是在雅虎打工，我从来不觉得我在给他们打工，我真的可能是很有自信的人，我觉得我在为自己干活。因为我干任何一件事情首先考虑的是——我通过干这件事情能学到什么东西，学到的东西是别人剥夺不走的，客观上可能给公司创造了价值。"

3. 态度积极。不要事事等人交代。一个人只要能自动自发地做好一切，哪怕起点比别人低，也会有很大的发展，自动自发的人通常具有较强的成就欲望。

4. 工作高效。高效的工作习惯是每个高效能职业人士必须具备的，也是每个企业都非常看重的。

5. 结果导向。无论苦干、巧干，出成绩的员工才会受到大家的肯定。企业重视的是你有多少"功"，而不是有多少"苦"。

第二节　具备成长的愿望与野心

高欲望型员工具有强烈的成就渴望,渴望得到物质回报或权力回报,注重未来的成长空间。这种追求,有时并非刻意为之,而是源于一种本能和天生自带的大格局。这类员工,具备大格局,具有强烈的成长愿望与野心。对于此类员工,用好了会是自己麾下的一员大将;用不好,很可能会成为脱缰的野马,失去控制,未来有架空自己的可能。对于这类员工,要看自己是否有充分的驾驭把握,一方面要想方设法张扬其雄心,将其转化为团队、企业的战斗力;另一方面又要适当遏制其过度的野心,避免给自己、团队、企业带来负面影响和伤害。因此,对这类员工的重用或提拔都应该在相应的约束机制之内进行。作为参考,我们来了解一下华为的核心员工晋升标准。华为有一套规范化的管理人员选拔标准，主要有如下所述的 4 个衡量因素。

第一，认可企业核心价值观。

企业管理人员，尤其是高层管理人员忠于企业是一个基本要求，需要认可、践行并去传承企业的核心价值观。华为在挑选管理人员时，首先考量的对象便是那些跟企业有着高契合度的人选，也就是具备同理心的员工。

华为的核心价值观表现在 3 个方面：以客户为中心、以奋斗者为本，长期坚持，艰苦奋斗。这是从忠诚的层面对员工进行的考察，对于同等能力的员工而言，企业更愿意提拔重用忠心耿耿的人，而非野心勃勃、朝秦暮楚的人。

第二，德才兼备，不仅要有才，品德和作风也要过关。

华为选拔管理人员，不仅看才能、看业绩，品德和作风同样具有决定因素，不符合条件者，很可能被一票否决。

举个例子，华为在考察备选人员是否具备艰苦奋斗的作风时，会从以下几个角度进行评估：是不是敢于讲真话，不遮不掩；能不能耐得住寂寞，受得了委屈；能否一视同仁，而不是依据亲疏来用人。

第三，必需的绩效。

华为有个"赛马文化"，一个人加入华为之后，他过去所有的学历及工作经历都一笔抹消，所有的人都是站在相同的起跑线上起跑，一定会有一批跑得最快的人。

在华为，只有绩效排名前 25% 的员工才有资格晋升，什么是华为认可的绩效呢？有 3 条标准：首先，最终对客户有贡献才是真正的绩效；其次，工作中的关键行为过程要以结果为导向；最后，员工的素质能力不等于绩效，真正做出来的结果、业绩及为公司创造的价值才是绩效。

绩效是华为评价员工一个非常重要的标准，绩效的结果会影响员工的方方面面，包括薪酬、奖金、股票、晋升的机会等。

第四，能力不可或缺。

我们这里说的能力不是单纯的智力，而是能够胜任管理工作岗位的综合能力的集成。其中，既有一些通用的能力，也有一些根据工作岗位不同而必须具备的专有能力。当然，我们这里说的能力里面更重要的构成是一个领导力模型板块，包含三大核心板块："建立客户能力"；"建立华为公司的能力"；"建立个人能力"。其中，包括了9种关键素质，被称为"干部9条"。经过长期实践检验，华为的"干部9条"后来慢慢演化成了"干部4力"，也就是：决断力、理解力、执行力和人际连接力。具体来说，高层管理者要求具有比较强的决断力和人际连接力；中层管理者要有理解力；基层管理者要有执行力。

借鉴华为对高欲望型员工的综合考量机制，有助于我们更好地发现并管理好高欲望型员工。

第三节　目标不同，人生不同

有一年，一群意气风发的天之骄子走出哈佛大学校门，他们的学历相同、智力相差无几。走向社会前，哈佛大学对他们进行了一次关于人生目标的问卷调查，结果如下所述。

27%的人，没有目标。

60%的人，目标比较模糊。

10%的人，目标清晰但都是短期目标。

3%的人，有清晰而长远的目标。

25年后，哈佛大学再次对当年那群学生进行了问卷调查，结果如下所述。

3%的人，25年间坚持不懈对着一个方向猛攻，几乎都成了各自领域的成功人士，其中不乏行业领袖、社会精英。

10%的人，不断实现短期目标，成了所在领域的专家，大都生活在社会的中上层。

60%的人，没有值得夸耀的成绩，但他们的生活倒也安稳平淡，生活在社会的中下层。

剩余27%的人，没有目标，生活过得不是很如意，经常抱怨社会不给他们机会。

这群25年前的学生的差别仅仅在于：25年前，他们中的一些人知道应该如何走好自己的人生路，而另一些人则不清楚或不是很清楚。

初心决定成败，高欲望型员工通常有着坚定不移的目标。除了选择与规划的因素，再去除个人能力、家庭背景等的差异，能够让几乎在同一起跑线的人5年后的状态出现天差地别的因素还有3个"不同"。

第一，对自己的要求不同。

A和B是上海某知名大学的同班同学，同修财会专业。毕业后，A回了老家，一个三线城市，进入当地一家还算知名的私人企业，从事最基本的财会工作，下班后陪陪家人、跟朋友聚聚会、看看电视节目。5年来，除了工资稍有变动外，A的职位没有任何变化。B选择留在上海，进入一家国际会计师事务所，每天忙得连轴转，还利用业余时间去考各种专业证书，工作、学习两不误。资历到了一定程度，B跳槽到一家外资企业出任CFO，功成名就。

上面故事中的A和B，一个人只求安逸；另一个人则选择了奋斗，严格要求自己，付出了很多，也收获了很多。

第二，意志力不同。

一时的热情，一时的性起，想去努力工作，谁都能做到，但大多数人往往坚持了一段时间后就以"太累了""时间安排不过来""还要经常出差"等各种借口来为自己的偷懒遮掩。

如果用心观察，我们不难发现，无论是同龄人中的佼佼者还是公司里的精英，他们都有着超凡的意志力和自控力，往往能够长久坚持某种良好的生活、工作习惯，数年如一日地严格要求自己。这种坚持和精进，让他们变得更优秀。

在奥格·曼迪诺的经典之作《世界上最伟大的推销员》一书的结尾处有这样一句用心良苦的话："没有一样美丽的东西可以在瞬间展现它的华彩，因此，你需要信心。"各种人生规划、工作（行动）计划也都是如此，不仅需要信心，而且也需要将之坚持不懈地执行下去的毅力和意志力，这样才能最终发现"华彩"之所在！因为，"生命的奖赏远在旅途终点，而非起点附近"。

第三，对辛苦的忍耐力不同。

人前显贵的代价必然是人后受罪，受不了那份罪，也就别想要那份荣耀；吃不了苦中苦，也做不了人上人。

在高欲望型员工选择拼搏的时刻，低欲望型员工选择了逃避和安逸，时间久了，差距自然会越来越大，这种差距通常表现在让人眼红的收入、地位上。

欲望只是高成就者展示给人的表象，更重要的是：他们愿意坚守自己的目标，常年如一日地自律，付出常人难以企及的努力并保持非凡的意志力。

第四节　愿意付出不亚于任何人的努力

欲望的实现都要落实到行动上。真正的高欲望型员工是坚定不移的行动派，愿意为实现个人欲望和组织目标付出不亚于任何人的努力。

稻盛和夫有一本书叫作《六项精进》，其中所讲的第一项精进是——付出不亚于任何人的努力。

何谓"付出不亚于任何人的努力"？2010年，在包括稻盛和夫在内的200多名日本企业家出席的"2010稻盛和夫经营哲学国际（青岛）论坛"上，好利来投资有限公司董事长兼总裁罗红用其亲身经历回答了这个问题。

我今天的成功应该和稻盛先生说的一样，人生的价值观是最为重要的。我现在都清晰地记得我离开大山的那一天。那天，我和父亲第一次面对面的坐下来进行了一次很正式的谈话。

父亲告诉我："明天你就要出发了，儿子，今后无论你走到什么地方、做任何事情一定要对得起你自己的良心，走到什么地方都要给身边的人带去快乐，绝不可'走一番黑一番'。"

我带着父亲的教诲走出大山学习摄影，去做一名学徒。我非常的努力，白天学习、晚上看书。每天只能睡两三个小时的觉，经常骑着自行车撞到旁边的东西，最惨的一次撞到了一辆粪车上。但是，我真的很努力。所以，两年下来，我的经理找到了我，对我哥哥和爸爸、妈妈说："让他去自立门户吧。"

我哥哥就问："为什么，我弟弟不听话吗？"

经理说："不是你弟弟不听话，是你弟弟太让我们感动了，他太努力了，我们这家店太小了，应该给他更大的空间让他去成长。"

我的父母听了经理的这番话后，给了我一些钱，我拥有了我人生的第一家摄影店。

和稻盛先生说的一样，付出不亚于任何人的努力，持续的。我每天帮顾客冲洗底片，我会把我有限的知识不断地告诉顾客，一张好的人像怎么拍，怎样选取好的风景……

在这次论坛上，罗红还提到一件事情，2009年11月的北京下了一场罕见的大雪，为了拍黑天鹅，罗红在雪地里待了一整天，他说："拍完了黑天鹅，我在整理照片的时候，自己都把自己感动了。"

拼搏到无能为力，努力到感动自己！这是罗红的工作态度。遇到这样的员工，假如你是领导，你会怎么做？

"每个不曾起舞的日子,都是对生命的一种辜负。"尼采在《查拉图斯特拉如是说》中如是说。那么,不辜负生命的工作方式又是怎样的呢?

高欲望型员工,除了工作作风彪悍而疯狂外,还善于把握每一次机会,善于表现自己。

国务院参事、中国欧美同学会商会会长、全球化智库(CCG)理事长兼主任王辉耀有很多头衔,有着闪亮的履历,其人生宣言是:"以改革'开放'为契机,主动'选择',勇于行动,去'完成'(成就)丰富的人生。"

王辉耀的每一次选择,人生的每一次主动出击,都是一个个生动的励志故事。

大学毕业,王辉耀希望去外交部工作。当时的大学毕业生都停留在等候分配的观念上,王辉耀不一样,他喜欢主动出击,从广州跑到北京,去外交部了解信息。

外交部没去成,王辉耀去了外经贸部。刚参加工作,接触不到具体的工作事务,他不想被动等待,就抓住一切时间学习外经贸方面的专业知识,并且着手翻译一些专业书籍,其中有一本图书是《在发展中国家承包项目指南》。

一次,单位急需一名翻译参加一个重要会议,专职翻译因特殊情况无法按时赶到,王辉耀毛遂自荐,但他的请求未被采纳。

机会还是垂青有准备的人,该来的还是来了。世界银行的专家要来外经贸部举行有关世界银行项目的专业知识讲座,翻译不够用,领导想起了曾经毛遂自荐的王辉耀,让他作为候补上场。

世界银行项目在当时是个新概念，国内很少有人了解，翻译效果不理想，听众摸不着头脑，台上、台下几乎没有任何互动，会场氛围死气沉沉。

第一天下午，王辉耀作为候补翻译上场，他发现世界银行的业务跟自己之前翻译的图书《在发展中国家承包项目指南》的内容非常相近，世界银行专家提到的一些专业术语和专业名词，他能够当即脱口翻译，观众开始踊跃提问，专家也讲得兴致盎然，会议气氛变得活跃起来。以至于后几天的翻译工作全部由王辉耀一人给包揽了。

王辉耀再也闲不住了，各种各样的机会接踵而至，还很年轻的他经常出现在各种重量级的会议场合。

为了让每一次工作经历都能变成有效的积累，王辉耀把每一次的工作都当成一项最重要的任务来完成。累积到一定程度，机会自然也就找上门了。

将每项工作都当作自己的机会，抓住一切机会表现自己，积极进取，不断精进……这些特质是高欲望型员工区别于普通员工的外在识别符号。

第五节　4种欲望类型的员工

不同类型的员工，欲望类型及其强烈程度也不同；同样，企业管理者对不同类型的员工采取的管理方式和激励措施也要有所区别。我们可以将员工大致分为4种类型：看好工作的员工、看好自己的员工、看好企业的员工、看好企业主的员工。

第一种类型：看好工作的员工（欲望指数★★★）。

看好工作的人，有着起码的胜任能力和职业素养，可为其提供工作机会，根据其工作表现和业绩来额定工资和奖金。

我们知道，即便是同一个职位或同一个工作岗位，由不同的人来做，也会创造出不同的价值，拿到高低不等的薪水和奖金。

我看过一个"九段秘书"的案例，很有代表意义，如表2-1所示。

表2-1 "九段秘书"

段位	工作重点	表现	月薪
一段秘书	发通知	通过电子邮件或白板简单发送通知，准备会议用品	1500元
二段秘书	抓落实	通知后，会打电话跟参会人一一沟通，确保没有遗漏	2000元
三段秘书	重检查	会前半小时再次确认参会人员是否有变动、是否有特殊情况并及时通知总经理	3000元
四段秘书	勤准备	提前测试可能用到的会议设施是否正常，在会议室门口张贴会议的具体时间，以作告示	5000元
五段秘书	提前量	提前让与会者知悉会议内容，发放相关资料供他们参考，做好开会准备，提高会议效率	8000元
六段秘书	做记录	在会议举行过程中做好详细的记录，必要时进行录音、录像	10000元
七段秘书	发记录	整理好会议记录，呈报总经理，并且请示是否需要抄送其他参会人员及公司其他人员	15000元
八段秘书	定责任	将会议确定的任务一一落实到相关责任人，形成书面备忘录，交给总经理及当事人，定期跟踪任务完成情况，并且及时向总经理汇报	20000元
九段秘书	做流程	将上述会议过程固化成标准的会议流程，形成任何秘书都可以拿来参考的会议服务流程体系	30000元

　　同样是做秘书，同样是准备开会这样一个简单的任务，但是，不同的细致程度和做事风格却决定了当事人的不同价值，如果将这一价值体现在数字上，就是能拿到多少薪水。

　　看好工作的员工，如果能加以积极引导，也能成长为企业的精英，成为企业的中坚力量。

欲望管理

第二种类型：看好自己的员工（欲望指数★★★）。

看好自己的员工有着极强的主观能动力，具备独当一面的能力，这种人才可为其提供施展才能的舞台，比如让其掌管分公司或负责新项目、新市场的开拓，同时配以股权和分红激励。否则，这类员工如果得不到充分激励的话，极有可能另起炉灶、辞职单干。

曾任阿里巴巴集团执行副总裁的卫哲，还在上海外国语大学读书时就利用业余时间到万国证券勤工俭学。这个勤工俭学的学生，翻译的一份年报得到了当时万国证券总裁管金生的极力赞赏，管金生决定见见这个年轻人。和卫哲见过面之后，管金生觉得自己没看错人，就让他直接做了自己的秘书。

担任秘书后，卫哲表现出了完全不同于其他秘书的素质，他工作积极主动，时刻揣摩总裁之所想。起初，他只是负责翻译年报、剪剪报纸这类简单的工作，卫哲丝毫没有把它们当作小事情，用心做到最好。他还特意将管金生看过的报纸区分出来，以免重复。以至于到后来，管金生不看卫哲做的剪报，中午就吃不下饭。

作为秘书，难免要做一些端茶倒水的事情，对于这类微不足道的小事情，卫哲也琢磨出来很多门道来。比如，他知道会议中该如何倒茶水才不会打断总裁的思路，他知道什么时候总裁喝的水需要加茶叶……对于这些细节性的问题，卫哲懂得主动观察、摸索，拿捏的非常到位。

管金生逐渐意识到，再让卫哲去做些复印、倒水、剪报之类的事情就太屈才了。于是，就任命卫哲担任公司资产管理总部的副总经理，刚满24岁的卫哲成为当时国内证券界最年轻的副总经理。

看好自己的员工有强烈的成就欲望，并且坚信只要把眼下的工作做到位、做到极致，成长、成功、成就也就会水到渠成、自然出现。如果上级不能满足他们的欲望，跳槽或另起炉灶单干通常会是他们的下一步选择。

第三种类型：看好企业的员工（欲望指数★★★★）。

看好企业未来发展前景，同企业不离不弃的员工，可视其为"潜力股"予以重点培养，作为企业各大模块的负责人（高管）来培养。有必要的话，可以授以他们股权，让他们同企业一同成长、一同获益。

童文红，位列阿里巴巴 27 名合伙人之中，被称为"最励志"的合伙人。

童文红进入阿里巴巴的第一份工作是前台，马云分配给这个前台 0.2% 的股权，告诉她说："将来阿里巴巴上市，市值会达 1000 亿元，你就在阿里巴巴干，不用到其他公司干了，等公司上市了你就有 1 亿元了。"

于是，童文红的奋斗之路从阿里巴巴的前台起步。之后，她陆续做过集团行政、客服、人力资源等部门的管理工作，一直做到阿里巴巴资深高级副总裁。

童文红从职场菜鸟到身家亿万的公司合伙人，坚持是一方面，更重要的是她一直看好公司的未来，同公司紧密捆绑、生死与共，以企业主的心态对待工作。

童文红说："很多时候，如果你想让上级赏识你，最好能以上级的思维思考做事的方法。如果一名员工的思想不对，这名员工学历再高、能力再强,也不可能成为一名好员工。因为一个人的思维会决定一个人的行为,一个人的想法会决定一个人的做法。所以,企业招聘员工最重要的不是看员工的学历、年龄、经验、身高、长相,而是看这名员工是否有好的思想观念。那么,什么样的思想才是好思想呢?看一名员工是否有好思想,最重要的一点就是看他是否能站在企业的角度及企业主的角度思考问题。如果一名员工处处能为企业着想、为企业主着想,那么,即使这名员工只有初中学历,也一样可以成为一名好员工。"

第四种类型:**看好企业主的员工**(欲望指数★★★★★)。

看好企业主的员工,往往是企业的创业合伙人,是企业的创业元老,在企业前景迷茫的低谷时期也能追随企业主,不离不弃。遇到看好企业主的员工,如果自己职级或权限不够,可以将之引荐给更高层的领导,通常要给予其高额股权激励,让其见证企业的风雨成长历程并伴随企业的成功而获得巨大回报。比如,阿里巴巴的"十八罗汉"、腾讯的创业伙伴、华为的元老级员工、巨人的"四个火枪手"、小米公司的7个合伙人,如今他们大多成了企业的合伙人,拥有股权,功成名就。看好企业主的员工,可遇不可求。

第三章
欲望要和能力匹配

·契约精神是职业的灵魂,有契约精神才会有敬业精神和责任意识,在此基础之上的欲望和进取心才能维系在正常轨道。

·欲望大于能力,是人们痛苦的根源。员工的欲望和能力要匹配。

·让员工掌握工作的必备方法和技能,做到"授人以鱼",使其欲望有赖以实现的路径。

·兵熊熊一个,将熊熊一窝。要让下属高效,企业管理者自己就不能低效;要让员工充满欲望,自己就不能无欲无求、碌碌无为。

导读

第一节　进取心和责任感匹配
第二节　欲望匹配能力
第三节　授人以渔，传授高效做事方法
第四节　优秀管理者必须知道的 3 件事情

第一节　进取心和责任感匹配

责任心是敬业的代名词，是现代契约精神的表现，是做好一切工作的基础。没有责任心，一切工作无从谈起，欲望型员工的进取心不能脱离责任感和契约精神。

马克斯·韦伯在《新教伦理与资本主义精神》一书中从宗教角度为资本主义在西方兴起找到了一个合理的解释：在传统商业文明下，契约代表着商业关系双方的一种承诺，将信用与契约紧密联系在一起。传统商业文明构建在契约基础之上，而不断发展的商业文明又反过来催生了西方文明社会的主流精神——契约精神。

契约精神产生于商品交易高度发达的社会。契约，包括有形契约（如合同、制度）和无形契约（如承诺）。企业作为市场经济的主体，要具备契约精神，企业的每一名员工也要有履行契约的精神。

契约精神是职业的灵魂，有契约精神才会有敬业精神和责任意识，员工在此基础之上的欲望和进取心才能维系在正常轨道。

对自己负责，对自己的工作业绩负责，对领导负责，对公司负责，对客户负责，是职场人士的基本操守。

在秋山利辉的著作《匠人精神》一书中，他详细阐述了匠人须知30条，其中有这样几条内容：进入作业场所前，必须成为有责任心的人；进入作业场所前，必须成能为他人着想的人；进入作业场所前，必须成为乐于助人的人；进入作业场所前，必须成为"爱管闲事"的人；进入作业场所前，必须成为花钱谨慎的人；进入作业场所前，必须成为"会打算盘"的人。这些都是围绕责任而做的约定，要求员工对自己负责、对同事负责、对公司负责、对客户负责。对工作负责的态度有助于工作品质的提升，能够助力个人发展，实现个人愿望。

德国大众汽车公司认为："没有人能够想当然地'保有'一份好工作，而要靠自己的责任感去争取一份好工作！"企业中每一位员工都在不同的时间、不同的地点扮演着不同的角色，而每一个角色都意味着不同的责任。做好自己的角色，承担这个角色必需的责任，才能体现自己的价值，才能提升工作的品质，这样的进取心才有价值。

责任感可以推动一个人由平庸走向卓越，正如培训专家余世维所说："敢于承担责任的员工将被赋予更大的责任。有这样的员工，才能缔造伟大的企业。有这样的企业精神，才能缔造伟大的商业

第三章　欲望要和能力匹配

时代！"

要检验员工对工作是否真正负责，通过以下几个问题的答案就可以看出来。

他总是能完美地完成领导交办的工作吗？

当需要加班时，他会对领导说"对不起，已经下班了"吗？

当领导安排他到社会上做一项调查时，他会偷懒耍滑，甚至假公济私吗？

他是如何理解"不承担责任也就意味着放弃了前程"这句话的？

上述问题的答案能够反映出员工是不是以负责任的精神对待工作的。

具有强烈责任感的人，会坚决完成公司及上级交代的任务；而缺乏责任感的人，会阳奉阴违。

一个对工作高度负责的员工，不需要上司叮嘱，他们会主动加班，抢在竞争对手前面完成任务。即使是上下班的路上或在家里休息时，他们都在时刻思考完美的工作计划。一个对工作高度负责的员工，可以完美地完成任何任务。

为了更好地让员工的进取心和责任心匹配，可借助最常用、最有效的"5W3H"责任管理法。

第一，什么任务（What）？要明确相关任务的工作内容、工作量、工作目标和工作要求及达成期限。

第二，为什么去做（Why）？也就是要明白该项工作的目的、意义并决定是否要由自己亲自去做。

第三，谁去做（Who）？确定由谁或哪些人去完成该项工作，他们分别承担什么角色。

第四，从何处入手（Where）？该项工作的切入点在哪里，需要按什么流程执行下去，执行到什么程度才算结束。

第五，什么时间完成（When）？要制订出完成任务所需的计划。

第六，怎样完成（How）？制订完成该项工作的细化方案，找到切实可行的工作方法。

第七，需要动用多少资源（How much）？即确定完成该项工作需要哪些资源或条件，需要多少资源，如何筹措资源。

第八，做到什么程度（How do you feel）？要提前对该项工作的结果进行合理预测，预测过程中要考虑到执行人员的情况。需要说明的是，在制订执行方案前，要明确指导思想和执行准则；在任务执行中要做好追踪工作，了解相关信息、掌控工作进度、协调外部关系、掌握执行者心态、预防突发事件，并且要防止自己被架空。处理好了这些问题，才能让所有的执行人员切实负起责任来，才能将任务执行得更有条理、更到位。

第二节　欲望匹配能力

2001年的搞笑诺贝尔奖心理学奖，研究人员有一个很有趣的发现：达克效应。该研究的主要结论是：在某些人身上存在一种认知偏差，能力不足的人往往会在自己不熟悉的领域得出错误的结论而不自知，而且无法辨别自己的错误行为。这种现象即为达克效应。

简而言之，达克效应说的是：自信和自负只有一步之遥，人很容易沉浸在自我营造的虚幻优势之中，从而过分高估自己的能力水平。用一句比较流行的通俗话语来解读就是——欲望大于能力。这是人们痛苦的根源，当人的能力配不上自己的野心时会倍感痛苦。

俗话说："没有金刚钻，揽不了瓷器活。"不错，即使员工的成就欲望再强烈，如果不具备完成工作最基本的知识和技能的话，也是难以有所成就的。因此，要设法让欲望型员工的能力和欲望匹配。

一、构建员工胜任能力模型

员工的欲望需要有相应的胜任素质来支撑，这就需要构建员工的胜任能力模型，使其欲望不至于成为无水之源、无本之木。

1993年，美国心理学家斯班瑟提出：素质在个体特质中扮演深层且持久的角色，而且能预测一个人在复杂的工作情境及担任重任时的行为表现。此后，Hay集团提出了与职位相对应的胜任能力模型，也就是著名的"冰山模型"。该模型下，员工胜任素质由以下要素构成，如表3-1所示。

表3-1 员工胜任素质要素

构成要素	详细描述
知识	指个人在某一特定领域拥有事实型或经验型的信息
技能	指个体能够有效运用知识完成某项具体工作的能力
自我形象	指个体对自身状态的感知能力，它包括对自己的长处和弱点、思维模式、解决问题的风格、与人交往的特点、对自我角色合理定位等的认识
社会角色	即个体在公共场合表现出来的形象、气质和风格
品质	包括气质、性格、兴趣等，是个体表现的一贯反应，如性格内向或外向、不同的气质类型等
动机	指推动个体为达到某种目标而采取一系列行动的内驱力，如成就动机强烈的人会持续不断地为自己设定目标并努力达到

胜任能力模型之所以被称为"冰山模型"，在于个人能力仿佛冰山，浮出水面的部分象征着专业知识、技能等表层特征，这些特征

只是对一个胜任员工的最基本要求,而且它们也是容易培养、感知和判断的,也正因为如此,它们并不能用来决定或判断一名员工工作中是否有突出的表现;而埋藏在冰山下面的则是品格、动机、态度、行为习惯和价值观等深层次的胜任特征,它们才是与高绩效密切相关的因素。可见,冰山下面的东西是万万不可忽略的。就像两个刚走出大学校门的毕业生,他们的起点基本一样,但两三年之后,他们之间的差距会拉得很大。导致这种巨大反差的根本因素就是那些隐藏在冰山之下的东西,也就是一个人的品格、态度或价值观等深层次的因素。因此,评判一个员工能否产生卓越的业绩,是否能够不断地进步,关键要看他身上是否具备这些胜任特质。另外,在建立欲望型员工胜任能力模型时,还必须以组织、团队的预期目标为导向,联系越紧密,关系越明确,胜任能力模型对组织、团队的效用越大。

二、基于胜任力的员工管理

基于胜任力的员工管理,是以欲望型员工的胜任力为基础的员工管理职能,是对员工的胜任力资源综合管理、合理利用、有效开发,是对企业需要的胜任力人才的获取、配置和科学合理使用,是对员工的现有胜任力的发挥、潜在胜任力的有效挖掘,这也为管理欲望型员工的实践提供了更广阔的视角、更有利的工具,为工作分析、员工培训、绩效考核和员工职业发展等企业管理工作带来新的思路。

第一,基于胜任力的职务分析。胜任力能够区分表现卓著者和表现一般者,因此,可以通过总结卓著员工与普通员工的特质来获得胜任特征。

第二，基于胜任力的任职资格分析。结合每个工作岗位及组织层面的要求，明确胜任该工作岗位需要的素质，这种素质是能够确保员工在该工作岗位上发挥出最大潜能的胜任特征。

对岗位任职资格的分析，可从以下3个方面进行：① 个人的胜任力，也就是个人能做什么；② 岗位工作要求，是指个人在工作中被期望做什么；③ 组织环境，指个人在一定的组织环境中可以做什么。相应岗位胜任的特征就是上述3个方面因素的交集，它们代表着员工最有效的工作行为或潜能发挥的最佳领域。当员工的胜任力大于或等于这3个因素的交集时，他们才有可能胜任该岗位的工作。

第三，基于胜任力的员工选拔是以胜任特征为基础的员工选拔方法。传统的人员选拔方法，通常看重的是员工的知识、技能等外在特征，而没有考量那些内在的特质、态度等深层次的因素。传统选拔方式难免出现误差，只有同时考量那些深层次的胜任特质，才能挑选到最胜任的员工。

第四，基于胜任力的员工培训。基于胜任力的员工培训也是和传统的员工培训有很大差异的，基于胜任力的员工培训的突出特征是要根据员工的个体胜任特征来安排其培训方案的。基于胜任力的员工培训，可以通过更具个性化和针对性的培训，促进人、岗匹配。它还可以从个体的胜任力出发，制订出更符合个体职业生涯发展的培训计划，这就意味着：当我们发现某些员工的个体胜任特征与其职务胜任特征不匹配，就可以通过符合其个体胜任特征的在职培训促进其职业生涯的发展。

第五，基于胜任力的绩效考核。首先，要找出区分高欲望型员工和低欲望型员工的因素，即职务分析第一步确定的胜任特征；然后，在此基础上确立绩效考核指标。这样一来，才能真正体现出绩效考核的精髓，才能真实地反映员工的综合工作表现。企业管理者用胜任力的视角对员工进行绩效评估时，应从目标的完成、绩效的改进和能力的提高等3个方面考虑。

三、培养员工的终身受雇力

在《世界是平的》一书中，作者弗里德曼提出了"终身受雇力"的概念。

在竞争激烈的当今社会，没有哪一个人敢说自己能终身受雇。但是，我们可以通过掌握相应的知识和技能来提高自己"终身受雇的能力"，这样就能够在激烈的竞争中一直立于不败之地。和高欲望相匹配的能力，其实就是终身受雇力。

弗里德曼所言的"非常特殊"就是指拥有特殊才能的人，如贝利、奥沙利文、刘翔等拥有特殊技能的人；所谓"非常专业"，顾名思义是指律师、会计师、医生、编程人员、设计人员、精算师等专家；而"非常会调适"，则是指那些善于通过学习不断地提升自己的知识储备与技能并以此来应对外界变化的人；"三百六十行，行行出状元"，弗里德曼所言的"非常深耕"体现的就是这一点，也就是各行各业中的"状元"，比如顶级造型师、调音师、厨师、调酒师等。

具备上述"4个非常"的员工无疑更具备终身受雇力。所以，企业管理者要着眼于培养员工的终身受雇力。

第三节　授人以渔，传授高效做事方法

"兵欲善其事，必先利其器"，企业管理者务必具备培养员工的能力，要通过实例与具体的操作方法来指导员工，将自己的经验同员工分享，传授高效做事的方法，使他们尽快掌握高效工作的方法和技能，真正做到授人以渔，使其欲望有赖以实现的方法。

一般而言，员工入职后都要经过严格系统的培训，让员工掌握必要的执行工具、工作技能、工作方法、业务流程等。但是，大多数企业的现状是：新人要么不经过培训直接上岗；要么是对新人进行一些"假大空"的走马观花式培训，徒有其表，缺乏针对性和实操性。这种情况下，员工必然会执行乏力，因为他们不知道该如何做事情。

第三章 欲望要和能力匹配

一名称职的企业管理者在日常管理工作中经常会涉及这些工作：给员工讲解或亲自演示某项工作技能，让员工自己尝试，根据员工的表现，指出其需要改进的地方；鼓励员工借鉴学习他人的先进工作经验，然后共同探讨提高；向员工布置工作任务后，和他们讨论如何才能更好地完成任务，询问员工是否还需要支持及需要哪些支持；随时关注员工在工作中出现的问题，帮助他们找到问题的解决之道，支持他们积极地解决问题；根据员工工作中出现的问题，与他们讨论问题产生的深层次原因，和员工一起想对策，从源头根除那些对工作产生负面影响的因素……上面列举的这些工作，企业管理者其实都在扮演一个相同的角色——教练（或称为导师）。在现代的企业管理实践中，随着竞争的日渐激烈及管理工作的精细化趋势日渐明朗，管理者做得更多的是为大家提供工作思路，扮演教练的角色。具体来说，企业管理者只需要拓展员工的视野、教给他们完成任务的必要方法，他们就会充分发挥主观能动性，按照合理的流程，充分发挥个人优势，完成自己的工作任务。正因为如此，现代的企业管理者越来越重视言传身教的作用。培养员工的独立工作能力，让他们在实际工作历练中迅速成长，这是一种授人以渔的激励方式。

企业管理者扮演好教练的角色，就是要给员工一个驰骋的舞台，给员工发展的空间，教给他们必要的工作技能，让他们独立地完成工作。当然，这个独立是相对的，需要管理者不断地扶助员工。

企业管理者扮演教练角色时，还要及时发现员工的潜力，将其挖掘出来，使员工相互鞭策、共同进步。激励员工之中包含着激发、倾听、观察、鼓励及关怀员工等多个方面的技巧，是多种因素的有效结合，这对管理者来说是一个不小的挑战。而更大的挑战则是帮助并促使员工实现自我管理，管理者要让员工将"学习-思考-实践、检讨-反省-磨砺"这一流程转变为每天的必修课。在这个过程中，管理者需要严于律己、以身作则，并且时刻不忘对员工言传身教。

做好教练，企业管理者需满足如下几个特质。

第一，信任员工，员工也要信任管理者。上下级之间相互信任，管理者才能真正成为员工的贴心人，员工就愿意与其进行推心置腹的沟通。离开了员工对管理者的信任，管理者的指导就起不了多大的作用。

第二，超乎寻常的耐心。扮演教练角色的过程是一个事无巨细的过程，再加上个人的理解能力有差异，所以，需要管理者具备超乎寻常的耐心。否则，工作难以开展。

第三，稳定的情绪。情绪稳定是管理者在指导员工的过程中必不可少的重要素质。企业管理者需要有效地控制自己的情绪，即使你已经很厌烦员工的反复唠叨或极差的领悟能力，也要保持心情平静。

现实中，有些管理者无论是做事还是管人，都是站在所谓企业的立场或自己的个人立场处理问题。维护企业的利益无可厚非，但难免会出现本位主义，难免偏颇、主观、自我。如同一个人在瓶子中看瓶子里面的世界一样，久而久之，思维会变得狭隘、偏执、极端、不够客观。

如果管理者只考虑个人利益，将企业的利益等同于个人利益，很多事情会适得其反。

第三章 欲望要和能力匹配

要扮演好教练的角色，企业管理者就需要培养自己抽离的、客观的、启蒙的、中立的能力。

所谓抽离，是指将自己抽离于事件之外，遇到重大事件或做重要决策时更要如此。企业管理者若能抽离出事件之外看事件，就会高屋建瓴地从不同的角度看到事物或问题的更多方面，这种情形下做出的决策的失误才会更少。

所谓客观，也就是要站在旁观者的角度处理问题。企业管理者做到客观时，"下"会令员工心服口服；"中"会在企业中树立正气之风；"上"在决策时会减少由于个人的独断专行与主观立场导致的决策失误。

所谓启蒙，是指对他人有启发且能推动他人有进步、有提升。现代企业中最大的成本是那些没有受过任何专业训练的员工。李嘉诚曾说："企业中没有培训过的员工是最大的成本。"教练型管理者会利用合适的时机教育员工、启发员工，让员工从日常工作中的顺利、失意、欢欣、落寞中学知识、长经验。其实，教育员工最好的方式就是将工作的场所作为提升员工、历练员工、培养员工的最佳场所，将支持他人成长作为自己工作中的心态与行为的指导准则，这是教练型管理者的新功课。

企业管理者承担的教练工作不是一两次的偶尔行为，需要做一些基本的、连续性的工作，其职责主要表现在以下 5 个方面。

① 明确对员工的期望。管理者要与员工进行深入的交流，一方面，要使员工清楚地知道自己的未来发展方向；另一方面，明确传递管理者对于员工的期望，以此来激发员工追求卓越的意识，帮助

他们树立信心。

② 设定目标并分解到人。管理者应该将企业或部门的整体目标分解为每一阶段的目标，帮助员工设定明确的工作目标。"行为管理之父"汤姆·吉尔伯特曾说："作为教练，必须帮助员工明确自己的工作目标，并且知道管理者评判的标准，然后由员工自己来决定如何实现这些目标。"

③ 鼓励员工的工作激情。交给员工一项具有挑战性的工作，员工泄气的时候，员工信心不足、犹豫不决的时候，员工找不到方向茫然的时候，需要企业管理者指明方向、激励员工、给员工打气，让他们相信自己，勇于接受挑战。

④ 让员工意识到路还需要他们自己去走。管理者不能代替员工直接完成工作。管理者要使员工通过他们自己的努力，运用所学的知识与技能，形成自己独特的解决问题的方式。在这个过程中，路还需要员工自己去走，还需要他们自己付出不懈的努力。

⑤ 及时反馈。通过管理者的教练行为，员工想知道自己哪些事情做得对、哪些事情做得不对，哪些工作完成的比较出色、哪些工作还需要提升……所有这些都需要从反馈信息中获得，这对提升员工的工作能力而言，是一个必不可少的环节。

管理者要在工作中给予员工具体的指导，目的是让员工掌握完成工作必备的方法、提高完成工作的能力，这种能力的提高有一个渐进的过程。

第一个阶段：讲解和示范。管理者的讲解和示范通常要回答以下几个问题。此项工作重要性何在？此项工作的要点是什么？完成此项工作的流程与标准是什么？哪些地方容易出错？员工在此项工作中需要扮演什么角色？

第二个阶段：员工动手实践。讲解、示范完成后，就应该让员工自己动手去做。员工从学习一项技能到真正掌握一项技能并能独立应用到实践中，这需要一个过程。

第三个阶段：员工具备了独立的工作能力。对员工进行过相应的指导并经其动手实践后，如果没有什么意外，那么，就可以让他去独立工作了。当然，在让员工独立工作之前，管理者需要先明确下面几个问题。怎样让员工体现出他的能力？这项工作在技能上具体有什么要求？允许出现多大的偏差？员工何时可以独立工作？

第四节　优秀管理者必须知道的 3 件事情

我们在战争题材的影视剧里经常看到这样两种情形：一种是"跟我冲"，一种是"给我冲"，一字之差，反映出来的却是两种完全不同的指挥、领导境界，也是两种截然相反的带队伍方式。

兵熊熊一个，将熊熊一窝。作为企业这个组织的带头人，最高管理者自身的状态很大程度上会左右整个团队的精神面貌，要让下属高效，自己就不能低效；要让员工充满欲望，自己就不能无欲无求、碌碌无为。管理者应该通过自己的高效和能力去"征服"员工，进而将他们凝结成一个无坚不摧的欲望型团队。

一、保持自己的专业技能优势

没有人会佩服工作能力平庸的管理者，哪怕他在别的方面再出色。管理者之所以能够成为管理者，在于他相对于普通员工，有着自己的拿手绝活，有着自己的专业优势，否则的话，难以让下属信服。拥有专业优势，这是管理者胜任的一个基本要求。

某个成功的职业经理人曾经说过这样一番话："我必须要表现得比下属更专业，在做任何事情上都要为我的下属树立高标准的学习榜样。我对克服困难或完成一个特定的销售目标的信心就在于——我作为部门经理能够凭借我的专业优势为我的下属树立起效法的榜样。这就是我百战百胜的秘诀。"

要做一个称职的企业管理者，就要保持好自己的专业技能优势并以此来赢得下属的信服，如此才能更好地指导下属的工作，这些专业技能优势主要体现在3个方面：技术技能优势、人事技能优势、决策技能优势。

① 技术技能优势，即从事一项工作所需的技术和方法等方面的优势，它包括3个方面的内容：第一，掌握专业技术，如车间主任必须懂得各种机器设备的操作技术；第二，掌握工作方法和程序，如办公室主任必须懂得收文和发文的程序，市场部经理应该熟知各种营销方法；第三，熟悉工作制度，如财务部经理必须懂得会计制度和财务规定，人事部主管应该熟悉人事制度。这其中，多数技术技能可以在学校教育或在职培训中获得，但只有通过工作实践才能提高技术技能的熟练程度。

② 人事技能优势是指在工作中与人打交道的技能优势，它包括3个方面的内容：处理人际关系的技能、识人用人的技能、评价激励技能。

处理人际关系的技能主要指协调技能和沟通技能。一般来说，中基层管理者处于组织结构的中间位置上，与上（上级）、下（下级）、左右（平级）的人发生着联系，有时还要与部门外部的人发生联系。娴熟地运用人事技能处理这些关系，与这些人建立起相互的信任关系，管理工作将会事半功倍。

识人用人的技能。管理就是通过他人的努力达成组织的目标，因此，管理者必须深入地了解他人，用人所长、避人所短。要做到这一点，就必须具备高超的识人用人技能。

评价激励技能。一般而言，员工的工作积极性和创造性不会自发产生，需要主管人员给予激发。因此，管理者应该掌握评价和激励方法，以便客观公正地评价他人并给予激励。

③ 决策技能优势是指对事物的洞察、判断和概括能力的优势。它最难以表述，但却是最重要的，它包括3个方面的内容：预测能力、判定能力、概括能力。

第一，预测能力。组织及其环境处于不断的变动中，管理者应密切注意部门内部各部分的相互作用及组织与环境的互动关系，预测各种因素将对部门未来的发展构成哪些可能的影响。

第二，判定能力。工作中经常会出现一些意想不到的问题，造成混乱的局面。管理者需要敏捷地从混乱而复杂的局面中辨别各种因素的相互作用，迅速地判定问题的实质，以便采取相应的对策。

第三，概括能力主要是指管理者依据信息做出决策的过程中，从纷繁复杂的信息中抽象出对全局和战略有重要影响的关键信息的技能。勤于思考、善于学习、总结经验，是获得概括能力的最佳途径。

有关研究结果表明，出色的决策技能可使管理者做出更佳决策。相对来说，管理者所处的管理层级越高，对其决策技能的要求就越高，所以，决策技能对高层管理者来说尤为重要。基层主管也应具备一定的决策技能，否则就难以准确地理解和有效地贯彻执行中高层管理者的决策。

二、良好的个人修养

管理者要有管理者的风范与修养，一般来讲，应该做到以下几点。

第一，要以德待人。既要善待、尊重每一名员工，同时也要关心员工的生活。要致力于为下属营造一个好的工作环境，让员工们关系融洽、和谐相处，良好的工作氛围才能激发起员工爱岗敬业的热情，才能赢得大家发自内心的尊重。我们常说"爱岗如爱家"，就是要让员工把企业当成大家庭，让他们有一种强烈的归属感。要做到这一点，管理者就要在自己的职责范围内把关心、爱护员工的工作落到实处、落到细处。

第二，要以理服人。在教育员工时，要尽量避免空洞的说教。在解决员工思想问题的同时，不要忽略帮助员工解决实际困难。这样一来，才能免去他们的后顾之忧，使他们心情舒畅地做好自己的工作、胜任自己的工作。

第三，要以身感人。以身感人也就是以身作则，做好表率。对于直接接触员工的中基层管理人员来说，更要做好示范工作，把对员工的要求首先当作是对自己的要求，严于律己、宽以待人，这样才能在员工中树立起自己的威信并为员工做一个良好的榜样。

第四，要以威服人。领导的权威不是依靠权力打压换来的，而是通过公开、公平、公正的管理实践铸就的。要做到以威服人，就要处处为企业利益着想，时时为员工着想，不自私自利，不贪小便宜。管理者的思想境界、处事能力要力求高于一般员工，这样才能让人信服。企业管理者要学会做一个甘于奉献、不张扬、不做作且关键时刻能够挺身而出的领导者。

第五，尊重下属，平等待人。管理者要保持清醒的头脑，工作上你可以严格要求，指挥、指导下属做好工作；但工作之外就应该以平等心态对待下属，绝不能工作之外也把别人当下属，呼来喝去的使唤。

三、能够抓住工作重点，体现管理者的价值

作为管理者，自己的价值究竟体现在哪里呢？不一定要事必躬亲、亲力亲为，最关键的是带领员工奋斗，让他们的潜力都发挥出来，管理者的价值更多地体现在员工价值的提升上。因此，要善于发现员工工作中的不足，帮助员工进行分析，提出改进建议。

一个优秀的管理者，要将团队的价值最大限度地发挥出来，实现 1+1>2 的效果。如何把团队成员的力量拧成一股绳，提高整个团队的凝聚力和战斗力，让每名员工都愿意为团队的进步贡献力量，让每名员工都能在团队中实现成长，才是管理者需要认真思考的问题，也是管理者的核心价值所在。

第四章

激发欲望第一步：了解动机

- 员工的行为都是由相应的动机来驱使的，激发员工成功欲望的前提是要了解他们追求成功的真正动机。
- 尊重员工，才可能真正把员工的欲望和潜能释放出来，转化为组织的行动力、战斗力。
- 岗位职责需要转化为员工的个人欲望，使之以欲望为动力，自动自发地工作。
- 打造心理契约的关键在于要让员工在工作中和组织中找到归属感、幸福感，给他们一个心灵的归宿。

导读

第一节　了解员工追求成功的真实动机和需求
第二节　尊重员工，才能将其潜能释放
第三节　将岗位职责转化为员工个人欲望
第四节　构建心理契约，给员工一个心灵的归宿

第一节　了解员工追求成功的
真实动机和需求

激发员工成功欲望的前提是了解他们追求成功的真正动机。人的行为都是由相应的动机来驱使的,有明确的目标导向。动机是行为的一种诱因,也是激发行动的内驱力,对员工的行动有着明显的激励作用。

对于管理者来说,了解员工追求成就的真实动机,设法满足其由内在动机带来的合理需求,这又何尝不是企业有效吸引、激励、留住人才的核心问题、根本要求呢?只有先了解了员工的内在动机和需求,才有可能满足他们的需求。每个人都有自己的行为动机和需求,包括刚刚出生的婴儿也不例外,只不过婴儿有需求时表达的方式很直接——哭闹。这时候，父母通常会采取什么样的措施来解决这个问题呢？很简单，第一步要弄明白婴儿哭闹的真正原因，是饿了，还是身体不舒服了？如果是饿了，接下来很容易找到解决办法——给孩子喂奶。员工的动机和需求也是一样，虽然成年人的表达方式更复杂，但心理过程大同小异。满足员工需求的关键就在于了解员工在工作环境中的具体需求有哪些。

一、积极聆听员工心声，了解其心理动机

在管理实践中，聆听员工的心声是了解员工内在动机、调动员工积极性的重要方法。作为管理者，应耐心听取员工的心声，找出他们所遇问题的症结，帮助他们解决问题，这样才能有助于管理目标的实现。那么，应该从何处入手倾听员工的心声、了解员工的需求呢？

美国著名的管理咨询顾问公司盖洛普公司曾就员工对自己的工作环境和工作场所的要求进行了一次广泛的调查。经过分析总结，他们得出了员工的12个基本动机和需求，这些需求分别是：① 在工作中知道公司对我的期望是什么；② 我需要有把工作做好必备的工具和设备；③ 在工作中，有机会做我最擅长的事情；④ 在过去的7天里，我出色的工作表现得到了认可和表扬；⑤ 在工作中，上司认为我是一个有用的人；⑥ 在工作中，有人常常鼓励我好好发展；⑦ 在工作中，我的意见和想法一定有人听取；⑧ 公司的使命或目标使我感到自己所做的工作非常重要；⑨ 我的同事也都在非常努力地做好本职工作；⑩ 我在公司有一个最好的朋友；⑪ 在过去的6个月

里，有人和我谈过我的进步；⑫ 去年，我在工作中得到了学习和成长的机会。员工的上述动机和需求恰恰是管理者需要了解的，管理者进而要设法满足他们的需求，这样才能给员工创造良好的工作环境，让员工满意，这样无疑会激发员工的工作热情、充分发挥自身才能，从而给企业带来切实的效益。

二、了解员工的内在需求

员工动机背后的内在需求究竟是什么呢？肯·布兰佳公司的一项调查表明，以下的几项员工需求值得管理者充分关注。

第一，工作意义的需要。员工需要看到自己工作的意义和价值所在，是否与企业及更大的目标发生着关联。员工需要明白自己的工作是怎样与团队乃至企业整体愿景相联系的，企业文化有什么意义，企业的价值在哪里。

第二，合作氛围的需要。员工渴望在融洽的环境下工作，他们希望能和其他员工相互合作、一起获得成功。

第三，公平的需要。员工希望上级是公平的，员工之间能够相互尊重。有研究表明，造成员工离职的最大原因是他们觉得未受到公正和公平的待遇。

第四，认可和尊重的需要。员工有被尊重、被表扬的需要，也希望自己的表现得到他人的认可。

第五，成长的需要，即有机会学习、成长、更好地发展，这也是员工的一个关键需求。

第六，与管理者的关系。员工希望管理者能与他们分享信息，能与他们建立融洽的工作关系。

第七，与同事的关系。同上述与管理者的关系一样，与同事之间的良好关系也将促使员工更加努力地工作。

第八，自主的需要。员工希望能自主完成工作任务，他们希望自己有足够的能力和信息来参与关乎自己工作的决策的制订。

要有效管理员工的欲望，上述几个方面的员工需求都不可忽视。

三、尽力满足员工的合理需求

企业管理者需要知道如何在自己的权限内最大限度地满足员工的合理需求，并且知道在满足员工需求过程中的注意事项和不同时期的处理技巧。

第一，提供安全、健康的工作环境。

健康、和谐的工作环境是员工高效工作的基本前提。管理者起码应在本企业或本团队内为员工提供一个稳定、积极、和谐的工作环境，便于员工个人能力的充分发挥。作为员工，无不希望自己所处的环境是稳定的、和谐的、积极的。如果生活在一个尔虞我诈、消极的甚至没有安全感的工作环境之中，人心只会分崩离析。稳定、和谐、积极的环境对提高员工工作效率、激发他们的潜力、提升他们的自豪感都有非常重要的作用。

第二，营造诚信、友爱、和谐的工作氛围。

员工工作不仅仅是为了获得物质报酬，对他们而言，企业是他们的另一个家，管理者要充分尊重员工，化解员工之间的对立情绪，创造宽松和谐的工作氛围。

人是感性动物，需要群体的温暖。管理者要关爱员工，重视员工的身心健康，注意缓解员工的工作压力，最大限度地满足员工的各种合理兴趣需求和欲望。要在工作、生活、学习上加大关怀力度，使他们深切体会到上级、团队是自己背后的强大精神依托。如此，不仅能为企业留住人才、吸引人才创造条件，而且也可使员工为在这样的企业工作而感到骄傲和自豪。

第三，真心诚意地尊重员工。

对员工要真心诚意地尊重，能使其处处都体会到自己的价值所在。企业管理者实施决策之前，要主动、认真地听取员工的意见，吸收其合理成分，对其工作成果给予肯定。这是调动员工工作积极性的重要一环，也是对其人格的尊重。另外，能够使员工产生积极性的重要因素是他们的个人目标与企业目标的一致、趋同。而这种一致性来自对共同目标和共同利益的认同感、构成共享的价值观念、形成目标一致的利益共同体。所以，共享是至关重要的，可以构筑目标一致的利益共同体。

第四，提供员工成长的空间、展现其才能的舞台。

一个能够使员工利用所学知识、能力尽情发挥、彰显智慧的舞台，可以使他们产生成就感，满足他们的成就欲望。员工在自己的知识、能力、智慧派上用场的同时，还需要学到新的知识、提高自己的能力，这样才会让他们感觉到自己在成长，才能增强他们的归属感。

第二节 尊重员工，才能将其潜能释放

对于企业而言，管理工作的关键在于发现员工的潜能并花时间将其潜能激发出来。尊重员工，才可能真正把员工的欲望和潜能释放出来，转化为组织的行动力、战斗力。

1959年，德鲁克在其著作《明天的里程碑》中最早提出了"知识型员工"这一概念，他将知识型员工的内涵界定为"那些掌握和运用符号和概念、利用知识或信息工作的人"。2006年，在其出版的《21世纪的管理挑战》一书中，德鲁克再次指出：21世纪，管理需要做出的最重要的贡献是提高知识工作和知识工作者的生产率，而组织（包括企业和非营利性组织）最有价值的资产将是知识工作者及其生产率。该书指出了知识型员工的3个特点，如下所述。

第一，知识型员工通过正规教育获得工作、选择职业、获取社会地位。

第二，知识型员工以团队的形式工作。

第三，知识型员工的工作是有组织性的，只有组织才能将知识员工的专业知识转化为工作绩效。

在当今这个知识经济和信息的时代，知识型员工无疑会越来越多，占企业员工的比重也越来越大。这些人才，如果管理得当，对企业而言是一笔宝贵的人力财富；如果使用不当，则是巨大的人才浪费。如何更加行之有效地管理知识型员工，是当今的企业管理者不得不面对的课题。

释放知识型员工的欲望和潜能，尤其需要对其充分的尊重和信任。结合德鲁克的相关管理思想和理念，我认为管理知识型员工应着重从尊重和信任两个维度展开。

一、对人尊重

对人才以礼相待，尊重他们，自古以来都是打动人才为己所用的不二法门。

据《新序·杂事》记载，齐桓公听说小臣稷是难得的贤士，求贤若渴的齐桓公渴望见他一面。一天，齐桓公先后3次求见小臣稷，小臣稷都借故不见，齐桓公的随从就说："主公，您贵为万金之躯，小臣稷不过是个布衣，既然他不肯见你，就算了吧。"齐桓公却说："这样不好。真正的贤士傲视爵禄富贵，才能轻视君主。如果其君主傲视霸主也就会轻视贤士。纵有贤士傲视爵禄，我哪里又敢傲视霸主呢？"这一天，齐桓公先后5次拜见小臣稷，最后终于见到了小臣稷。

真正的人才，特别是一些知识型员工，出于种种原因，往往都会有些"脾气"。有的是恃才傲物、目中无人；有的是抱着"姜太公钓鱼，愿者上钩"的心态，在等待贤明的领导；有的则是故意考验求才者的耐心，如同上面故事中的小臣稷或"三顾茅庐"中的茅庐主人诸葛亮一样……因此，要给予他们充分的理解、尊重和包容。下面，我们再看一个真实的案例。

1923年，福特公司生产车间的一台电机出了故障，公司所有的技术人员都束手无策。后来，有人找来了一个名叫斯坦因·曼恩的工程师，他来到电机旁检查了一番后，用粉笔在电机的某个部位画了一条线，说："这里的线多了16圈。"

福特公司的技术人员当即拆开电机，将线圈去掉了16圈，电机果然恢复了正常运转。

总裁亨利·福特得知后，感觉斯坦因·曼恩是个奇人，不仅给了他1万美元酬金，还亲自邀请他加入自己的公司。斯坦因·曼恩却婉言拒绝了，他说："我现在的公司对我非常好，我不能做出忘恩负义之举。"

原来，这其中另有故事。斯坦因·曼恩原本是德国人，他孤身一人来到了美国。走投无路之际，一个工厂的企业主收留了他，还让他出任技术员。斯坦因·曼恩之所以不愿意离开那家小工厂，是因为他不想辜负曾在自己最困难之际帮助过自己的人。

了解了其中原委后，亨利·福特对斯坦因·曼恩的人品更加欣赏，也更加渴望得到这名人才，但明着又"挖"不过来，怎么办？

亨利·福特在董事会会力排众议，做出了一个让很多人大跌眼镜的决定：收购斯坦因·曼恩所在的那家小工厂。董事会成员都不理解他的决定，亨利·福特给出的解释是："因为那里有斯坦因·曼恩。"

如此重视人才，让人动容，也难怪福特公司会成就百年伟业。

人非草木，孰能无情？当你真正放下姿态，发自内心尊重员工，何愁找不到人才。管理者对员工的尊重主要反映在下述3个层面上。

第一，要尊重员工的人格。任何人都有被尊重的需要，如果你能让员工感觉到他们的人格受到了尊重，那么，你自然能够获得对方的同等尊重，能够提高上下配合行动的效率。

第二，要尊重员工的意见。员工参与工作的程度越深，其积极性也就越高。尊重员工的意见，就是要员工自己做出承诺并去努力地实现承诺。尊重员工的意见，关键是要让员工自己领导自己，自己做自己的主人，充分发挥参与式领导的作用，利用团队建设，实现团队的沟通与互动，提高组织效率。

第三，要尊重员工的发展需要。大部分员工的工作行为不仅仅是为了追求金钱，而且还在追求个人的成长与发展，以满足其自尊与自我实现的需要。很多员工都有自己的职业计划，在自己的职业生涯中有意识地设定目标并努力追求目标的实现。作为管理者，你应该了解员工的职业计划，并且应该通过相应的人力资源制度帮助员工达成他们的职业计划，使之有助于企业目标的达成。

二、对人信任

企业管理者要相信信任的力量。日常沟通中,一句"我相信你能做到"比"你必须做到"多了信任在里面,可以让员工感受到"被信任",如此能让其产生高度的责任感、使命感,竭尽全力地完成好工作。

日语中有这样一个字——"儲(儲ける)",它的意思是"获利"。我们再仔细看一下,它其实是由两个汉字"信"和"者"构成的,其深层意思是说首先要赢得他人的信任,才能够获利。管理者也应该和员工互为"信者",这样才能"获利",充分释放员工的潜能,将其内在欲望转化为工作动力。

上下级能否互信,关键在于上级,以下几个要点能够帮助管理者在自己的团队内真正建立起信任的工作氛围。

第一,要建立互信的工作环境。

第二,分享信息。建立信任关系的最佳方法之一就是分享信息。分享信息有时意味着需要公布一些被认为是机密的信息,包括敏感和重要的话题,如未来的商业计划和策略、财务数据,以及绩效反馈等。给员工更多的信息,意味着向员工传递信任和"我们在一起"的感觉。这样能帮助员工从更广阔的角度看待团队乃至整个企业及内部各个群体、资源和目标的相互关系。

第三,诚恳待人。每个人都愿意跟随自己信任的人,上级如能开诚布公,即使对待坏消息也能持开放和诚实的态度,那么,就能建立牢固且长期的信任关系——无论内部还是外部。

第四,经常交谈反馈信息。管理者要时常与员工面谈,了解他们的工作进展状态。这样能够使管理者在事态变得严重之前掌握问题的所在,在恰当的时候给予员工绩效反馈,从而能够大大提高员工绩效表现达标的概率。

第五,积极解决问题。积极解决问题,意味着要把问题摊在桌面上,给予员工创造机会去影响解决问题的整个过程。当管理者扩大员工的影响力时,员工就更愿意接受最终的结果,因为他们不再感到自己是被控制着的。这样将提升员工与管理者之间的信任关系,提高管理者的信用度。

第六,勇于承认错误。管理者也有犯错的时候,这无可厚非,关键是要勇于承认错误。管理者如果能在自己犯错时勇于承认错误,并不会被员工视为无能、懦弱,反而会被员工认为是正直的且值得信赖的。

第三节　将岗位职责转化为员工个人欲望

合理引导员工的欲望，将岗位职责转化为员工个人欲望，以欲望为动力，驱动员工工作。

岗位职责是属于工作中不得不做的事情，类似于使命，是指为了在某个关键成果领域取得成果而完成的系列任务的集合，它常常用任职者的行动加上行动的目标来加以表达。

简单地说，岗位职责是用来界定下列事项的：第一，员工需要完成的基本工作；第二，与其他岗位需要协调的事项；第三，员工应该向领导汇报的事项；第四，员工负责的一切其他事项及其相关安全事宜。例如：客户专员的主要职责是维护客户关系，以保持和提升公司在客户心目中的形象；人事专员是负责员工的招聘、洽谈及劳动合同的签订的，以及为员工办理社会保险、为员工档案编档、为员工安排宿舍；财会人员分类统计各种财务收支情况并制成对应表格提供给公司决策层；销售人员是为客户提供服务、帮助客户做出最佳的选择，最终将公司产品销售出去的群体；行政人员负责办公室日常办公制度的维护管理工作、办公后勤保障工作、公司对外接待工作，组织公司内部各项定期或不定期的集体活动……

每一个岗位职责的确定，都需要综合考虑以下因素：① 根据工作任务的需要来确立工作岗位名称及其数量；② 根据岗位工种确定岗位职务范围；③ 根据工种性质确定岗位需要使用的设备、工具及工作质量和效率；④ 明确岗位环境和确定岗位任职资格；⑤ 确定各个岗位之间的相互关系；⑥ 根据岗位的性质明确实现岗位的目标的责任。

书面规定是死的，是一种范式；而人是活的，是个性化的。岗位职责只有转化为员工独特的个人欲望，才能产生巨大的动力。员工的欲望类型可以归纳为7类。

第一类，参与欲。员工希望主动参与企业的工作、活动，希望工作多姿多彩。因此，要确保工作的高度参与性并提供激励性的工作或活动环境。

第二类，占有欲。员工希望"占有"某项工作，渴望对这份工作或某个项目负有责任，甚至愿意付出较长的工作时间、享受较低的工作报酬。

第三类，权力欲。渴望得到权力是人性中根深蒂固的诉求，人们希望掌控自己的命运、影响别人的命运，以此来获得满足感。因此，可通过有效授权、提供晋升通道的途径满足员工的权力欲，释放出员工巨大的工作动力。

第四类，归属欲。人人都希望在企业中找到归属感，拥有和谐的同事关系、上下级关系，互相帮扶、支持，共同成长。管理者要致力于打造和谐的组织、团队氛围，构建人性化的工作关系，满足员工的交往欲望，以及员工对认同感和归属感的需求。

第五类，能力欲。拥有持久且有竞争力的能力是员工的基本欲望，企业应为员工创造能够不断学习成长、强化能力的环境。

第六类，成就欲。成就欲是员工的核心欲望，甚至于成就感带给员工的满足感和快乐会超出其他物质性的奖励。

第七类，被认可欲。人人都希望得到别人的理解、尊重和认可。因此，认可和赞美是最"便携"、最有效的激励方式。

将岗位职责转化为员工的相应欲望，不是一件简单的事情，要讲究责、权、利的匹配性，因为这是一个合理分摊责任、进行压力传导的过程，同时也是一个权力让渡与利益分配的过程。如同我们通常所说的"你不能要求一个每月拿着2000元工资的人去承担20000元月薪的责任"，即是在讲责、权、利的匹配问题。如果责、权、利不匹配，那么，谈论岗位职责朝个人欲望的有效转化也是枉然。为了实现这个目标，可从以下两个方面入手去努力。

1. 打造"人事相宜，人岗匹配"的用人机制。管理者应该着力营造一种"人事相宜，人岗匹配"的用人机制。实践中，坚持"让合适的人做合适的事"的原则。从才干的角度出发，不断挖掘员工的优点和长处，使员工的最大优势与相关岗位匹配，让员工的优势和潜能得到最大限度发挥，创造出高价值。要建立这样的用人机制，有必要探索建立以下3个方面的制度。第一，建立才干识别与分类的制度，让合适的员工做合适的事。也就是识别员工的胜任素质，通过各种测评手段评估他们，通过建立人才识别与分类的制度，盘活企业现有的人才库。第二，建立公平、公正、公开的人才选拔机制。无论是内部选拔还是外部招聘，选拔机制很重要。为了杜绝选拔中的弊端，可以规范选拔过程并明确选拔标准，用制度来保证公平、公正、公开。第三，通过实习岗位、临时性项目负责人等考察程序进一步考察人才。各种测评、选拔方式只是测试了员工具备的潜质，这种潜质能否显性化转化为工作能力还会受到各种内外部环境和条件的制约。通过这种方式，一方面可以让管理者有机会修订用人制度；另一方面可以有针对性地对员工进行辅导，促使其成长。同时，这种方式还可以促使任职者更加努力工作，激发其潜能。

2. 人岗匹配三步骤。人岗匹配，就是按照"岗得其人""人适其岗"的原则，根据员工的不同才干将不同的员工安排在最合适的岗位上，从而做到"人尽其才"，这是管理工作中最基本的欲望满足、激发的前提。

第一，进行岗位分析。人岗匹配的起点应该是岗位分析，只有了解了岗位的具体要求，才能选择适合岗位的人，这样才能实现人岗匹配。如果脱离了岗位的要求和特点，人岗匹配就成会成为无源之水。所谓岗位分析，是对某项工作就其有关内容与责任的资料给予汇集及研究、分析的程序，主要内容有：岗位名称，用简单准确的文字对岗位的工作任务做概括；岗位工作任务分析，就是调查研究企业中各个岗位的任务性质、内容、形式及执行任务的步骤、方法和使用的设备、器具等;岗位职责分析,包括工作任务范围、岗位责任大小、重要程度分析等;岗位关系分析,就是分析相关岗位之间有何种协作关系,协作内容是什么,受谁监督指挥,监督指挥谁,岗位上下左右关系如何,岗位升降平调路线方向如何;工作环境分析;岗位对员工的知识、技能、经验、体力等必备条件要求的分析。

第二,员工的才干、胜任素质分析。了解了相关岗位的特点和要求之后,接着就应该进入人岗匹配的关键环节——了解相应员工的才干和素质,具体可通过履历分析、纸笔考试、心理测验、笔迹分析、面试交谈、情景模拟等技术达到真正识别人才的目的。

第三,进行匹配,知人善任。知人善任是实现人岗匹配的最后一步,也是能不能发现并最大限度地利用员工的优点、把合适的员工放在合适的位置、尽量避免人才浪费的最关键一步。"没有平庸的人,只有平庸的管理"。每个人都有自己的特点和特长,知人善任,让自己的下属去做他们适合的事情,这样才能充分发挥他们的工作潜能,实现人才的有效利用。

管理者在用人的时候,应该多一些理性,少一些盲目;多一些人尽其才的意识,少一些大材小用的虚荣。管理者应以每名员工的专长为出发点,安排其适当的岗位,并且依照员工的优缺点做机动性调整,这样才能"岗得其人""人适其岗""人岗匹配",达到人与岗的统一,让团队发挥最大的效能。

第四节　构建心理契约，给员工一个心灵的归宿

一般而言，员工离职原因很多，但有两个原因最真实：① 薪酬低于贡献，钱没给到位；② 工作环境不舒畅，受委屈了。第一个原因，可以用经济契约（本书第九章会详细介绍）来弥补。第二个原因，则需要通过构建心理契约来解决。在企业管理实践中，钱并不能解决所有的问题，心理契约是员工关系管理的另一个重要组成部分，其基本衡量指标是工作满意度、工作参与度和组织承诺。

构建心理契约的关键在于：要让员工在工作中和企业中产生归属感、幸福感，给他们一个心灵的归宿。

新东方董事长俞敏洪认为：员工的幸福指数来自于两大要素。第一是薪酬体系，要给出员工有竞争力的薪酬，这是最基本的要素；第二是员工在这个企业工作有没有骄傲感和成就感，这一要素主要来自企业的价值体系和员工对企业的认同。

企业要想使员工获得更强烈地归属感、幸福感，首先应该弄明白员工的归属感、幸福感来源于什么。

幸福和不幸福的理由各有千千万万，某项调查研究发现：对于企业中的员工而言，影响他们归属感、幸福感的因素主要聚焦在3个层面。

第一个层面：保障个体和家庭安居乐业。员工如何才能获得归属感、幸福感呢？最基本的层面要保障员工个体和家庭的安居乐业，一些做得好的企业会给员工提供健全的社会保障和福利、行业内有竞争力的薪资待遇、高绩效高回报的绩效理念、尝试各种员工帮助关怀体系等。这些做法有时并不因做不做而影响员工的幸福指数，而是有责任感的企业管理者及对员工负责的企业一直在做的事情。

第二个层面：帮助员工找到并实现其自我价值。促成员工的归属感、幸福感提升的第二个层面的因素是帮助员工找到并实现其自我价值。淘宝在2010年推出了"赛马"项目，让员工大胆提出自己的想法和创意。如果员工感觉某项业务有发展潜力，就可以提出自己的方案，委员会审核后觉得有实施的可能性，就会给提出者各种资源支持，帮助其招兵买马，甚至从原岗位上脱离出来专注做其喜欢做的事情。"赛马"表面看是项目的竞争，其实是一个人才发掘的平台，是对常规人才发展路径的补充。不过，企业营造的平台应尽可能地是彰显每个个体才能的舞台，员工在施展自己的所长、实现组织价值的同时，也能实现个人的梦想。

第三个层面：群体的使命感。个人的力量是渺小的，如果有一群志同道合的人为了同一个梦想努力，有着共同的愿景和使命，那么，影响力会更大。有了使命、愿景和价值观，会在一定程度上给员工指明方向，让大家觉得这么做是正确的、有希望的、有归属感和幸福感的。

不论企业管理者如何重视，但员工的归属感、幸福感最终还要靠员工的亲身体验说了算。因此，要为员工创造心灵的归宿，不仅体现在整个企业的制度层面，也要更多地体现在和员工直接接触的管理层面；不仅要体现在物质方面，也要体现在精神方面。从这个层面讲，在提升员工的归属感、幸福感这一问题上，企业领导者和各级团队带头人可以发挥四大作用，如下所述。

第一，要站在员工的角度，设身处地地想他们所想、急他们所急，要让员工感受到企业的一切做法和措施都不是走形式，都是能够带来切实效果的，千万不能让员工感觉到企业仅仅是在做样子、走过场，这会让他们大失所望的。

第二，要全面权衡各项管理措施，一定要覆盖到所有员工，而不能顾此失彼、有失公平。另外，这些制度还要覆盖每一个员工工作的整个历程，包括离职、退休后的生活，不能让员工看不到未来的希望。

第三，要科学分析员工的个体特征、个体的具体心理需求，不能搞"一刀切"。在应对措施上既要有精神层面的，也要有物质层面的。总之,要因人、因时、因事而异。

第四,提升员工归属感、幸福感的措施应该是可持续性的,不能朝令夕改,或者今天做了明天就停下了。实现管理措施可持续的目的,一是为了让员工有安全感;二来也可以让以前的员工现身说法,分享其成功经验。这样做要面临的一个挑战是:这种管理措施上的可持续性需要从企业的实际情况出发,也需要相关人员的大力配合与支持,否则难以成行。

需要注意的是:由于员工个体之间的差异性,其经济契约与心理契约的诉求也有所不同。经济契约是有形的,心理契约是无形的,而且两者是同时存在的。只有结合员工的具体情况,从经济契约与心理契约的角度来激活员工的欲望,才是行之有效的欲望管理方式。

第五章

目标指引：诱发热情，激发欲望

·欲望型员工的行为都有动机驱动，而且有明确的目标指向。目标是压力，压力是动力，动力是效力。

·充满挑战性的目标设计要符合一条基本原则：不高（跳一跳，够得着）不低（坐着能摸到的目标不能要）。

·对难度较高的目标和任务，可采用"心理除法"的方法将目标化大为小、将困难化难为易。

·个人目标要融入团队、组织目标中，有了共同目标，才能避免各自为战，发挥出团队合力，挑战更大的目标。

·在员工欲望激发中，一个行之有效的办法就是：不断为团队成员树立新的学习目标，超越目标。

导读

第一节 目标是压力，压力是动力，动力是效力
第二节 目标的挑战性：不高不低
第三节 采用"心理除法"战术，激发"达到欲望"
第四节 将个人目标融入团队目标
第五节 树立学习的标杆

第一节　目标是压力，压力是动力，动力是效力

欲望型员工的行为都有动机驱动，而且有明确的目标指向。管理者通过设置合理的目标，可以有效诱发、引导、激励员工的行为，调动他们的积极性。

鲍勃·汤森在《步步高升》一书中说："领导人的重要作用之一是使机构全体同仁全神贯注于既定的目标。"因此，为下属界定其任务与目标可以说是管理者的一项重要工作。有了明确的目标，员工才能找到努力的方向和释放欲望的出口。

曾有人力资源管理专家做过这样一个实验，如下所述。

欲望管理

将参与实验的人员分成3组，让他们分别向20公里外的一个村庄徒步前进，看哪个组能够以最快的速度准确到达目的地。

第一组人员，对村庄的名称和路程的长短一无所知，他们所能做的只是凭着自己的感觉与判断往目的地前进。

第二组人员，知道他们将要前往的村庄的名字和实际距离，但路边没有里程牌，他们只能凭借自己的经验与直觉估算行程需要的时间。

第三组人员则详细地知道村庄的名称及实际距离和行走的路线，而且他们行走的路线上每隔一公里就有一个里程牌可供他们参照。

最终的结果又是怎样的呢？

第一组人员，刚走了四五公里就有人叫苦不迭，走了一半时有人想退出了，他们都抱怨：为什么要走这么远，何时才能走到头。又走了几公里，此时离终点只剩三四公里了，终于有人坐在路边不愿走了，看不到目标在哪里让他们放弃了。最终，坚持走到终点的只有一半人左右。

第二组人员，尽管知道目的地的名称和实际距离，但对于自己已经走了多远心里没有底。走了一半路程，有人失去耐心，当他们听到那些比较有经验的人说"大概走了一半的路程了"的时候就又簇拥着向前走去。当走到全程的四分之三时，很多人的情绪变得低落，觉得疲惫不堪……最终，历经千辛万苦，这组人到达了终点。

第三组人员，由于详细地了解和目标相关的一切情况且能够边走边看里程碑，这样一来，每缩短一公里他们便会感觉离目的地更近了一步，能够随时了解距离终点还有多远。于是，他们就在行程中用歌声和笑声来消除疲劳,情绪一直很高涨。很快,他们就顺利到达了目的地。

其实,明确目标的作用在于:一旦员工的行动中有了它,他们就会把自己的行动与目标不断加以对照,从而能随时清楚地知道自己的行动速度及与目标之间的距离。由此,其行动的动机就会得到维持、强化,进而就会自觉地跨越一切障碍,直指目标。

从某种意义上讲,目标就是压力,压力就是动力,动力就是效力。

什么样的目标,才是好的目标呢?才能更好地调动员工的积极性呢?德鲁克在《管理:任务、责任、实践》一书中指出:"目标必须是作业性的,即必须能够转化为具体的工作安排。"注意:德鲁克的描述有两个关键词——"作业性"和"转化",所谓作业性,即目标是具体的、可量化的、可操作的;所谓转换,即目标可转化为具体的执行标准和操作流程。

要想设定明确的目标,首先应该知道怎样的目标才是好的目标。通常,一个好的目标应该符合SMART原则,SMART是5个英文单词的首字母构成的。

S:明确的、具体的(Specific)。目标应该是明确的、具体的。所谓具体就是与员工的工作职责或部门的职能相对应;所谓明确就是目标的工作量、达成日期及责任人和资源等都是可以明确的。

M:可衡量的(Measurable)。如果目标无法衡量,就无法为下属指明方向,也无法确定是否达到了目的。如果没有一个衡量标准,执行者就会消极怠工,尽量减少自己的工作量和为此付出的努力,

欲望管理

因为他们认为没有具体的指标要求约束他们工作必须做到什么程度,所以只要似是而非地做些工作就可以了。

A: 可接受的(Acceptable)。目标必须是可接受的,即可以被目标执行人接受。这里所说的接受是指执行人发自内心愿意接受目标、认同目标。如果设定的目标只是上司一厢情愿的,员工内心不认同,只是迫于上司的领导权威而不得不接受的话,也不利于下一步的落实。

R: 切实可行的(Realistic)。不能被执行的目标,是没有任何意义的。所以,目标要充分考虑达成目标所需要的各种条件,如技术条件、硬件设备和员工个人的工作能力等。

T: 有时间限制的(Timetable),即所有目标都必须在规定的时限内予以完成。

第二节　目标的挑战性：不高不低

德鲁克在《21世纪的管理挑战》一书中说过这样一句话："要让人才从工作中获得比薪水更多的满足，他们尤其看重挑战。"

德鲁克之所以得出这个结论，是因为现实工作中有一部分人只想得到工作带给他们的好处而不愿意付出太多，也不想承担过多的责任，这样做的结果往往是他们最终也得不到自己想要的利益；相反，还有另外一部分人，他们乐于追求那些有挑战性的工作，工作成就感带给他们的满足远远大于薪水和荣誉本身，这些人往往能将工作做得更出色。这一点值得企业管理者注意，要尽可能使用充满挑战性的工作来激励那些更看重成就感的员工，以满足他们的工作成就感。

心理学家的研究表明，目的性行为的效率要明显高于非目的性行为的效率。当人们拥有了明确的、充满挑战性的目标后，就有了奋斗的方向，就会为达到目标而努力。运用目标激励法来激励员工，关键是要设定好目标。

充满挑战性的目标要符合一条基本原则：不高（跳一跳，够得着）不低（坐着能摸到目标不能要）。

一、目标要高低适宜

目标太高，会挫伤员工的积极性，会让他们感到再努力也无法达成目标；目标太低、太容易达成的话，又会让员工感觉没有难度、没有挑战性，从而提不起兴趣。所以，只有高低适宜、难度适宜的目标才是最合适的，这样才能最大限度地调动员工的积极性。

《帝范》卷四中说："取法于上，仅得为中；取法于中，故为其下。"其意思就是：设定高目标，可能只能达到中等水平；假如设定个中等目标，很有可能最后只能达到低等的水平。其寓意在于：人们无论做什么事情，都要志存高远，设定稍微高出自己追求的目标，这样最终才有可能达到预定目标。因此，还需要为目标加上一个前提，那就是不论是"取法于上"，还是"取法于中"，目标都不应超出执行者的能力太多。否则，将会过犹不及。目标太高，员工会认为以自身的工作能力根本不能达成目标，所以也没有信心实现目标。这就需要充分了解员工，根据员工的能力、兴趣和性格特征适当掌握分寸、区别对待。

二、目标要少而精

目标太多会使员工迷失方向，也会让员工分不清轻重缓急。当你信心百倍、热情高涨且想尽快多做些事情时，要避免多头出击。最好选择一两个最关键的目标埋头苦干，集中精力抓好两三件事情，不能眉毛胡子一把抓。

三、个人目标要和团队、企业的目标一致

个人的工作目标必须与团队、企业的总体目标保持一致，个人目标一定是服务于企业总的短期目标或长期目标的。企业的成立是为了最大限度地减少各种交易成本、有效地利用组织的协同作用，各职能部门和业务部门及其所属员工作为整体中的有机组成部分必须同企业整体的运作和发展相协调，基层团队和个人在设定目标时要服从于企业的总目标。

四、目标的设置要总、分结合

企业总目标的设置是为了让员工感觉到工作的长远意义，正因为如此，总目标的实现通常是一个长期的、复杂的过程，所以，仅设置总目标是不够的。它尽管能让员工热血沸腾，但也会让员工感到遥远和渺茫，可望而不可即，甚至会影响员工工作积极性的充分发挥。因此，在设置总目标的同时，也应该适当设置一些更容易实现的阶段性目标，并且通过逐个实现这些阶段性目标来达到总目标实现的目的。

五、目标的设置要实在具体

目标有大小、长远之分,但不论何种目标,都不能是虚无缥缈的,必须是具体的、实实在在的、可量化的。只有具体的目标,才能使员工相信能够达成;也只有具体的目标,才能对员工产生吸引力和激励作用。

第三节　采用"心理除法"战术，激发"达到欲望"

人们面对某个目标、接受某项工作时，通常会有所期待，期待达成目标后的成就感和喜悦感，心理学上称这种现象为"达到欲望"。

如果目标和任务看上去比较简单，比较容易实现，人们能够预想到完成后的成就感，那么，"达到欲望"就会得到充分激发，就会激励人们去完成任务；相反，如果目标太高、任务太难，人们的"达到欲望"就会受到抑制，会对目标充满畏惧感，行动力会受到干扰，缺乏干劲，甚至会拒绝接受任务。

欲望管理

面对难度较高的目标和任务，可采用"心理除法"的战术，将目标化大为小、将困难化难为易，让人们从心理上感觉目标相对容易达成。

所谓"心理除法"，即通过变换单位对同样数量的东西进行分割，就目标管理而言，是对目标进行阶段性分割，将大目标分割为小目标、将长期目标分割为阶段性目标，以减轻执行的负担和难度。下面，我们来看一个真实案例。

1984年的东京国际马拉松邀请赛中，名不见经传的日本选手山田本一出人意料夺得了冠军。当记者问他凭什么能够取得如此惊人的成绩时，他说了这么一句话：用智慧战胜对手。当时，许多人都认为这个偶然夺得冠军的小个子选手故弄玄虚。众所周知，马拉松赛是一项靠体力和耐力制胜的运动，只要身体素质好又有耐性就能取得好成绩，爆发力和速度都在其次，山田本一说用智慧取胜确实有点牵强附会。于是，当时的舆论充满了对山田本一的嘲讽。

两年后，国际马拉松邀请赛在意大利北部城市米兰举行，山田本一再次代表日本参加比赛。这一次，他又获得了冠军。这一次，大家不再认为他是侥幸取胜了。面对记者的询问，山田本一依然回答的是上次那句话：用智慧战胜对手。外界对于他究竟是如何取胜的，仍然不得而知。

10年后，这个谜终于被解开了，关于"用智慧战胜对手"，山田本一在自传中是这么解释的："每次比赛之前，我都要乘车把比赛的线路仔细地看一遍，并且把沿途比较醒目的标志画下来。比如，第一个标志是银行，第二个标志是一棵大树，第三个标志是一座红房子……这样一直画到赛程的终点。比赛开始后,我就以百米的速度奋力地向第一个目标冲去。到达第一个目标后,我又以同样的速度向第二个目标冲去。40多公里的赛程,就被我分解成这么几个小目标轻松地跑完了。起初,我并不懂这样的道理,我把我的目标定在40多公里外终点线上的那面旗帜,结果跑到十几公里时就疲惫不堪了,我被前面那段遥远的路程给吓到了。"

上面案例中的山田本一便是利用"心理除法"弱化了目标的完成难度,有效激发了自己的"达到欲望",最终达成了目标。

任何目标都是一点一点达成的,对于高难度的目标,可以尝试运用"心理除法"将目标化整为零,进行分解。一般而言,有两种具体的操作办法。第一种办法,对于一项重大的任务,可将其分解成若干个较小的局部性任务。例如,可将部门任务指标分解成小组指标,将小组指标再分解为个人指标,这样就成功地将庞大的部门目标分摊到了个人头上。第二种办法,对于一项需要在一定时间内完成的任务,则可将其分解为几个阶段,落实到有关小组或个人头上,再让他们分阶段加以完成。经过如此的任务分解之后,即使没有完成总任务,也容易找到问题的原因,从而有利于下一步的改进。很多情况下,目标未能达成通常并不是由于全盘皆错的原因所致,而是某个环节或某些环节出了差错。

第四节　将个人目标融入团队目标

目标相同,是团队;各自为战,是团伙。个人目标要融入团队、企业的目标中,有了共同目标,才能避免各自为战,发挥出团队合力,挑战更大的目标。

一个团队要有战斗力,首先要有一个团队成员都充分一致认可的目标,这个目标足够激励所有团队成员兴奋起来、行动起来。它可以激发团队成员的内在潜能,达到调动大家的积极性的目的;同时,这也是团队目标以人为本、尊重个人的体现,它会激发每个人自动自发的工作意愿,善用它将是成功的保证。

一、构建统一的团队目标

科学合理的团队目标一定是和谐的、融合的，能够实现团队目标和个人目标的有机统一。如果仅仅有团队的目标而忽视团队成员的个体需求，团队仍然不会有很高的绩效。

构建统一的团队目标，要求管理者做到以人为本。管理者不仅要重视团队目标的实现，同时要关注团队成员个人的目标，要容纳和接受每个人的内在需求，尊重每个人的个性差异，实现团队目标和个人目标及个人与个人、领导和下属之间的和谐发展。这样一来，才能有效增强团队的生命力和战斗力。

C公司是一家制造企业，在该公司市场部经理的办公室里放着一张写满了密密麻麻小字的大白板，上面写的是每名员工的姓名及他们这一年的目标。每个人的目标都不相同，有争取升职的，有渴望加薪的，有希望把父母接到身边一起生活的，有想要生个小宝宝的，也有想多攒点钱买一套属于自己的房子的……

市场部经理把写满员工个人愿望和目标的白板挂在了办公室最显眼的位置，以便自己随时能看到并熟记在心里。每次与员工见面交谈的时候，他都能够对号入座。一边在头脑中回忆团队的总体目标和他们当年的个人目标，一边与他们进行交流。可以想象，这样做的效果是出奇的好。

后来，有人问该经理，为什么会想到了这种目标管理方式，他说："如果没有员工的齐心协力，部门、企业就无法生存下去。因此，管理者有责任有义务帮助员工实现各自的愿望和目标。如果能够时刻关注员工的目标和期望，并且在适当的时候给予真心诚意的帮助，那么，员工回馈给部门、企业的，将比投入的多得多。"

上述故事中的市场部经理显然深谙团队融合之道，因为他明白团队目标和员工的个人期望是并行不悖的，是可以有效地融合在一起的。

二、团队目标和员工期望融合的步骤

相对而言，确定团队目标还是比较容易的，但要将团队目标和员工的个人期望融合起来，将团队目标灌输于团队成员并取得共识——责任共担的团队目标就不那么简单了。当然，这也并不是无章可循，要形成团队成员认可、供团队成员共享的目标，可按照以下步骤进行。

第一步，对团队成员的期望进行摸底。

对团队成员的期望进行摸底就是了解团队成员各自的期望及他们对团队整体目标的意见。通过此举，一方面可以激起员工的兴趣，因为团队目标是和他们的个人期望息息相关的，让他们参与进来，使他们觉得这是自己的目标而不是别人的目标；另一方面可以让团队成员认同团队目标，即团队目标能为企业做出什么贡献、团队成员在未来应重点关注什么事情、团队成员能够从团队中得到什么，以及团队成员个人的特长是否在团队目标达成过程中得到有效发挥等。

第二步，对获取的信息进行深入加工。

在对团队成员的期望进行摸底收集到相关信息以后，不要立即就确定团队目标，而应就成员提出的各种期望、各种建议综合考虑，找到将它们和总体目标融合到一起的途径，并且要留下改动的空间——给团队和个人机会。综合考虑这些建议和期望，不要匆忙做出决定，以免带来不利影响。

第三步，与团队成员讨论目标的最终表述。

与团队成员讨论目标表述是将其作为一个起点，以团队成员的参与形成最终的措施，获得团队成员对目标的承诺。这样做虽然有些麻烦，但不能省略。具体操作的时候，管理者可运用一定的方法和技巧。比如，头脑风暴法——确保大家的所有观点都讲出来；找出不同意见的共同之处；辨识隐藏在争议背后的合理性建议，从而达成团队目标共享的双赢局面。

第四步，确定团队目标。

通过对团队成员的期望进行摸底和集体讨论，再修改一下团队目标的表述，然后就可以确定团队目标了。虽然很难让所有的成员都同意目标表述的内容，但求同存异地形成一个所有成员认可的、可接受的目标是重要的，这样才能获得所有成员对团队目标的真实承诺。

三、团队目标要有助于实现每一名成员的价值

如果团队的目标能够鼓励它的成员寻找和实现自我价值，并且努力为成员创造发展和取得成就的条件（如提供具有一定挑战性的薪资、相当的机会、略具弹性的工作时间、能激发竞争意识的激励措施等），那么，团队的发展将不可限量。在这样的工作氛围里，团

队成员的价值能够得到更好的体现，每一名成员都会因为自身价值的实现而提高对团队的满意度，团队目标比较容易被实施，而且一定能够取得很好的成绩。

四、个人期望与团队目标矛盾的处理

尽管企业管理者能够最大限度地照顾到员工的个人感受，将其期望融入团队目标，但谁也不敢保证能绝对做到这一点。个人期望和团队目标总有冲突和矛盾的时候，如何处理这种矛盾，是考验一个企业管理者能力的关卡。

显而易见，为实现团队目标，每名成员都需要做好放弃自己一部分利益的心理准备。现实中，几乎人人都有短视或自私的行为，不愿意更多地为他人考虑、为团队考虑，缺乏分享精神，这就需要在团队建设中慢慢改变。要坦然承认他人的贡献和存在价值，共同分享团队取得成果的喜悦。围绕团队共同的目标奉献自我并获取个人所得，分享荣誉，满足个人价值实现的意愿。以上两点就是将个人追求融入团队目标的体现。因此，当团队目标需要个体做出牺牲时，作为团队中的一员，牺牲精神是必须要有的。很难想象一群特别自私的人会组成一个优秀的团队，只有优秀团队中才会出现勇于牺牲自我的个体。员工的牺牲精神有赖于企业管理者的培养与引导。

第五节　树立学习的标杆

潜能大师博恩·崔西说："成功等于目标，其他都是这句话的注解。"树立目标的关键在于找到学习的榜样。

在员工欲望激发中，一个行之有效的办法就是不断为员工树立新的学习目标并鼓励大家超越目标。目标可以是组织内部的；也可以是自定的一种理想境界；还可以是外部其他高绩效组织的，比如谁在行业中的市场份额最大、谁的客户满意度最高、谁的工作流程最合理、谁的员工最具竞争潜力、谁的管理模式最好……

瞄准了这些最好的目标，然后想方设法在自己的团队内实施、模仿进而超越。这样一来，团队总体成就欲望才能日渐提升，没有上限。这种管理方式，用一个专业的词汇来形容的话就是标杆式管理。

欲望管理

标杆式管理，又称基准管理、目标管理、参照管理，是指企业或管理者将自己的产品、服务和经营管理方式，与行业内或其他行业的领袖企业进行衡量比较，找出自身的不足、学习他人长处，从而持续提高自身的产品质量和经营管理水平，最终超越他人。

所谓的标杆式管理，真正的目的就是为自己找一个学习榜样，以此来保持团队成员的进取心（或者叫企图心）。哪怕本身已经是很优秀的企业或管理者，也都可以找到学习的标杆。下面，我们来看看美孚石油公司是怎么做的。

美孚石油公司是世界上最著名的公司之一，也是行业内的翘楚。早在1992年，它的年收入已高达670亿美元。按理说，美孚石油公司应该找不到学习的标杆了，甚至也无须这样做了。但是，极具进取心的美孚石油公司却想做得更好。为此，他们进行了一次详细的顾客调查活动。结果发现，有80%的顾客最想要得到3样东西：一是快捷的服务，二是能提供帮助的友好员工，三是对他们的消费忠诚予以认可。美孚石油公司进而又将顾客需要的3样东西简化为速度、微笑和安抚3个要素。在美孚石油公司看来，自己在石油行业已经做得最好了，但就上述3个要素而言，一定还有做得更加出色的其他行业的企业存在。于是，美孚石油公司决定分别就以上3个要素在行业外寻找自己的标杆。

工夫不负有心人，美孚石油公司想要的3个标杆很快都找到了。

第一个标杆，关于速度。美孚石油公司从一级方程式赛车上找到了灵感。比赛中的赛车风驰电掣般冲进加油站时，为比赛提供加油服务的潘斯克公司的加油员就会一拥而上，一瞬间就为赛车加满油并目睹其绝尘而去。美孚石油公司的工作人员细心观察，发现了潘斯克公司能够快速加油的绝招：加油员身着统一的制服，分工细致，配合默契。他们还使用了电子头套耳机，使得每个小组成员能及时地与其他同事联系。弄清了这些，美孚石油公司开始改造自己的加油站。首先是在加油站的外线上修建停靠点，设立快速通道，供紧急加油的车辆使用；加油站员工佩戴耳机，形成一个团队，安全岛与便利店可以保持沟通，及时为顾客提供诸如汽水一类的商品；服务人员身着统一的制服，给顾客一个专业加油站的印象。

第二个标杆，关于微笑。美孚石油公司将丽嘉·卡尔顿酒店当作了温馨服务的标杆。该酒店号称是全美最温馨的酒店，他们的服务人员总保持着招牌般的甜蜜微笑，因此也获得了顾客的极度赞誉。丽嘉·卡尔顿酒店的员工信奉的理念是——自己的使命就是照顾客人，使客人舒适。美孚石油公司于是又开始用酒店培训员工的方式来对加油站工作人员进行微笑培训。后来，用美孚石油公司某位员工的话说是这样的场景："顾客准备驶进加油站的时候，我已经为他准备好了汽水和薯片。有时我在油泵旁边准备好高级无铅汽油在那儿等着，他们都很高兴——因为我记住了他们的名字。"

第三个标杆，关于安抚。美孚石油公司从全美公认的回头客大王——"家庭仓库"公司的经营行为中意识到：公司中最重要的人是直接与客户打交道的员工。过去，美孚石油公司那些销售公司产品、与客户打交道的一线员工一直都被大家认为是公司里最无足轻重的人；后来，这种观念得到了彻底改变，美孚石油公司一线员工迅速得到了重视。

实施细致入微的标杆式管理后，顾客再前往美孚石油公司各个加油站时，他们面对的是衣着整洁、头戴耳机的服务员真诚的微笑与问候，随后是快捷的服务流程。

美孚石油公司实施这一标杆式管理的结果是：加油站的平均年收入增长了10%。

由此可见，所谓标杆就是一切值得模仿、学习的榜样。在团队中实施标杆学习的过程中应注意以下几点。

1. 可供选择的标杆。我们从美孚石油公司的成功实践可以看到，可供选择的标杆是多种多样的。通常，管理者可选择以下几种标杆式管理方法。

第一种，内部标杆学习，即以企业内部典范为榜样、学习标杆，这是最简单且易操作的标杆学习方式之一。学习者应该辨识内部绩效标杆的标准，即确立内部标杆学习的主要目标，然后将其推广到本部门中，这是提高团队绩效与员工胜任力的最便捷方法之一。当然，如果只是单纯向企业内部标杆学习，时间长了往往会产生封闭思维。因此，实践中的内部标杆学习应该与外部标杆学习结合起来使用。

第二种，竞争标杆学习，即以竞争对象为学习榜样。竞争标杆学习的目标是与有着相同市场的企业的相关部门在产品、服务和工作流程等方面的绩效与实践进行比较，寻找差距和不足并迎头赶上，提升自己的竞争力。

第三种，职能标杆学习，即以行业领先者或某些企业的相关部门的优秀职能操作者为学习榜样。这类标杆学习的合作者常常能相互分享一些技术和市场信息,标杆的基准是外部企业及其职能或业务实践。由于没有直接的竞争关系,因此合作者往往较愿意提供和分享技术与市场信息。

第四种,流程标杆学习,也就是以最佳工作流程为榜样进行的标杆学习。这种标杆学习是学习类似的工作流程,而不是某项业务与操作职能或实践。这类标杆学习可以跨界进行,它一般要求学习者对整个工作流程和操作步骤有很详细的了解。

2."标杆式"学习的实施步骤。标杆学习的先驱和最著名的倡导者——施乐公司的罗伯特·开普将标杆学习活动划分为5个阶段,每一阶段有若干个步骤支撑。

第一个阶段:计划。确认对哪个流程进行标杆学习,确定用于做比较的公司或团队,决定收集资料的方法并收集资料。具体可在下面领域中来决定当下本部门该从哪方面开展标杆学习工作:① 了解市场和消费者;② 设计产品和服务;③ 推销产品和服务;④ 提供产品和服务;⑤ 向客户提供服务;⑥ 确立部门远景目标;⑦ 开发和管理人力资源;⑧ 管理各种信息;⑨ 管理财务资源;⑩ 管理物质资源。然后,要鼓励员工坦言现有操作流程中存在的问题与可以改进的地方,将该流程分解成若干子流程,以确保员工了解整体流程和每一细节。

第二个阶段:发现与分析。了解作为标杆的公司或团队,确定自己目前的管理措施与标杆之间的绩效差异,拟定未来的绩效水准。要尽可能地了解被当作标杆学习的对象,尽可能地了解他们的各种业务流程,这样才能充分学习到标杆真正制胜的东西。与此同时,在寻找标杆对象时还应做好行为合法、保守机密、防止信息外流、未经许可不得擅自引用、做好准备、诚信、承诺并全力贯彻等应该遵守的行为规范。

第三个阶段：整合。就标杆学习过程中的新问题、新发现进行交流并取得共识，以此来确立部门目标。

第四个阶段：行动。制订一个行动计划，用来指导实践活动。通常，行动计划应包含人事、预算、培训、资源状况、评估方法等基本要素。

第五个阶段：监测与评估。对标杆学习产生的长远影响进行定性和定量评估，找出实施过程中的问题和偏差并重新调校标杆，以做改善和矫正。

第六章

授予权限：重任在肩，干劲冲天

・对欲望强的员工，要学会给他们压担子，给他们更多的压力和挑战。

・满足欲望型员工的需求，给他们以权限，授之以重要的任务，以起到培养人才、锻炼队伍的作用。

・正确的授权方式应当是放权，但不是放手；委任，但不能放任。

・让员工的欲望和潜力尽可能地发挥出来，最好的办法就是给他们以刺激、激励。

导读

第一节　给欲望型员工压担子
第二节　成功的管理来自充分授权
第三节　授权不等于放任，还要监控
第四节　善用激励杠杆

第一节　给欲望型员工压担子

管理员工，尤其是欲望型员工，要学会给他们压担子，给他们更多的压力和挑战。

让员工充分施展才华、发挥潜能，就要敢于给他们压担子。给员工压担子，会使其产生被信任感和高度的责任感。俗话说，多深的基础多高的墙。但是，基础本身并不会"砌成"高墙。要在深基础上"砌成"高墙，最重要的条件就是给员工提供用武之地，给员工压担子，使他们敢于挑战自己、超越自己，不断获得新知识、掌握新本领，不断去创新，不断去做挑战性强的工作。

一、压力与动力的良性循环

海尔曾提出了著名的斜坡球体理论：他们将员工的发展比作斜坡上的圆球，圆球的下滑力会让球体堕落；同时，圆球下面还存在一种对抗性的力量——支撑力，它不仅能保证球体高高在上，还能推动球体向上滚动。其中，下滑力反映到员工身上，主要表现为惰性、不自信及经受挫折后的打击；而支撑力则来源于员工身上的优秀品质及公司的凝聚力、愿景、相关的激励机制。通常，当支撑力大于下滑力时，圆球就会沿斜坡上行。同样的道理，较高的压力也可以激发员工的活力，将其潜能充分释放出来，充分调动员工的工作热情，将压力转化为动力，从而提高支撑力，推动圆球不断上行。在这个上行的过程中，员工的能力也随之上去了，自然就能带动公司效益的提高。公司效益的提高反过来又能让员工产生强烈的成就感，"公司即我，我即公司"的主人翁精神就会油然而生。于是，员工的工作积极性更加高涨，这样的良性循环将是公司发展的最佳状态，也是管理者梦寐以求的。

二、给员工以危机感

太过安逸的环境不利于员工的成长与进步，很多管理者往往意识不到这一点，他们只求部门内的和谐，试图营造一种"你好我好大家好"的内部工作氛围，而不懂得为下属制造危机感。

实际上，适当地制造一些危机感对管理者和员工都有好处。为什么？有时候，太过安逸、稳定的环境会影响员工的工作绩效。而

第六章 授予权限：重任在肩，干劲冲天

且，如果长此安逸、稳定下去的话，不仅会给企业造成损失，对个人的贻害也会很深。那些长期处于安逸工作环境中的人一旦遭遇不可避免的变化，往往会束手无策，坐以待毙。

挪威渔民的渔船返回港湾，鱼贩子都挤上来买鱼。可是，大多数渔民捕来的沙丁鱼已经死了，只能低价处理。

挪威人爱吃沙丁鱼，渔民在海上捕得沙丁鱼后如果能让其活着抵港，卖价就会比死鱼高好几倍。但是，由于沙丁鱼生性懒惰，不爱运动，返航的路途又很长，因此捕捞到的沙丁鱼往往一回到码头就死了，即使有些活的也是奄奄一息。只有汉斯捕来的沙丁鱼还是活蹦乱跳的，而且很生猛。鱼贩子纷纷涌向汉斯，愿意出高价买他的沙丁鱼。所以，他赚的钱也比别人的多。汉斯一直严守自己的秘密，直到他死后人们打开他的鱼槽才发现其中奥秘：装沙丁鱼的鱼槽里面多了一条鲶鱼。原来，当鲶鱼装入鱼槽后，由于环境陌生就会四处游动，而沙丁鱼发现这一"异己分子"也会紧张起来，加速游动。如此一来，沙丁鱼便活着回到了港口。这就是所谓的"鲶鱼效应"。

企业管理者带团队也是同样的道理。员工如果长期习惯了稳定、习惯了安逸，就会缺乏新鲜感和活力，随之会产生惰性，欲望就会缺失，不利于进一步追求卓越。

工作中的危机感并非是一件坏事。毫无危机感的员工和团队氛围反倒应该引起管理者的注意，管理者应当制造适度的危机感来激励员工，让他们感到自己的工作离不开压力和危机感。当员工战胜他们面临的挑战时，他们就会更加自信地去应对危机、应对挑战，胜任力更强，从而为企业做出更大的贡献。

三、仅有压力还不够，"胡萝卜还应加大棒"

一个人骑着骡子赶路，两只手里分别拿着一只胡萝卜和一个棒子。他把胡萝卜挂在骡子的眼前，这样一来，骡子感到只要自己一直往前走，就能够着、吃上美味的胡萝卜。而这个人手中拿着棒子的目的则是为了提醒骡子：如果不好好往前走，就会挨棒子。于是，骡子在胡萝卜的吸引下就一直往前走，但又始终够不着胡萝卜。

上面这则寓言中，"胡萝卜"是激励因素，"棒子"是压力因素。也就是说，让骡子赶路是可以的，在它试图偷懒时用棒子给予一定的惩罚也未尝不可。但是，也应该让骡子吃到胡萝卜；或者说，应该让骡子心存吃得着胡萝卜的希望。否则，只有"大棒"没有"胡萝卜"，它会罢工的！

在员工眼里，高压力是"棒子"，高收入是"胡萝卜"。管理者要配合使用它们，缺一不可。也就是说，在给员工压担子的时候，还要让他们看到并有"吃到胡萝卜"的可能，对员工进行激励，让他们看到完成任务后的好处。若两者相互配合得好，就能起到很好的效果。

四、压力需适度

给员工压担子，并不等于无限度地给他们制造压力。虽说人的潜能是无穷尽的，但实际压力承受能力毕竟有限，一定要把握好度，否则，就过犹不及了。

企业管理者给员工压担子时要注意以下两点。

第一，要注意加量适度，遵从适量原则。

员工不是机器,他们的心理和生理的承受度是有限的,因此,管理者不能一味增加压力和工作量,不管部下的死活。否则,部下的成就欲没有得到提升,却有"折损"部下的危险,这种管理就是不成功的管理了。

第二,要注意劳逸结合,要为员工提供适当的休息调整时间。

员工能从充实的工作中感受到快乐和成就感,但为了使员工的工作激情常在,还要让他们养成劳逸结合的工作习惯。因为适量的休息既能提高员工的工作效率和工作热情,又能体现管理者的管理温度,还可以增进上下级之间的团结氛围,有利于下一步管理工作的顺利开展。

第二节　成功的管理来自充分授权

孔子的学生子贱奉命担任某地方的官吏。到任以后，子贱时常弹琴自娱自乐，给人一种不管政事的印象，可他所管辖的地方却治理得井井有条、民兴业旺。这使子贱的前任官吏百思不得其解，因为这名前任每天起早贪黑、从早忙到晚也没有把当地治理好。于是，他请教子贱："为什么你能治理得这么好啊？"子贱回答："你只依靠自己的力量治理地方，所以，十分辛苦却成效甚微，而我却是借助别人的力量来完成这项工作的。"

子贱的话说得非常好，我认为：衡量一个领导者是否优秀的标准，并不在于他能做多少具体的事务，而在于他是否能够充分授权并借助下属的力量去达成组织、团队的任务。因为一个人的力量毕

第六章　授予权限：重任在肩，干劲冲天

竟是有限的，只有发动大家的力量才能攻无不克、战无不胜。

最一流的领导者就是"不领导"，而"不领导"的精髓就在于从微观工作中抽身出来，将有限的时间和精力放在重要的工作上；同时，这样做也能满足欲望型员工的需求，给他们以权限，授之以重要的任务，起到培养人才、锻炼队伍的作用。

人的精力是有限的，卓越的企业管理者的精力同样是有限的，谁都不可能一个人做好所有的事情。所以，管理者必须学会把权力授予适当的人，才能更好地专注于自己的管理、领导职能。授权的真正要义是能够给人以责任、赋予其权力，还要保证有一个良好的报告反馈系统。

"领导不是一种地位或特权，而是一种责任。一个优秀的领导者会充分地授权并担负起最终的责任；同时，将下属的成功视为自己的成功并以他们为荣。"德鲁克的这一观点应该得到企业管理者的认同。一个真正称职的企业管理者，必定善于授权。

1987年，李健熙宣布三星开始二次创业，他首先对领导层的权力分配做了重大调整。对于经营权的分配问题，他是这样说的："前任会长几乎掌控了企业80%的经营权，秘书室拥有10%的经营权，其他一些社长有10%的经营权。从今往后，会长只享有20%的经营权，秘书室有40%的经营权，子公司会长有40%的经营权。只有秘书室和各子公司发生冲突时，我才利用自己的权力进行调节。"

李健熙的这种习惯从未改变过，2001年7月，他在接受媒体采访时称："到目前为止，我从未直接干预过企业的日常经营。只是偶尔以大股东的身份为三星这艘大船掌舵护航。"

欲望管理

　　三星的高级顾问尹钟龙也认为三星最大的优点是敢于授权，李健熙果断地将企业管理权限完全授予那些专业经营人才，这是他最具领导魅力的地方，这一点也是三星发展的重要助推器。

　　授权，对于管理者的最大好处在于使其能够将精力专注于一些关键的领导职能上，尽量不插手微观工作，专心做好领导该做的工作。德鲁克也认为管理者必须集中精力于少数主要的领域。他说："（管理者工作的）有效性如果有什么秘诀的话，秘诀就是'专心'。有效的管理者做事时必'先其所当先'，而且'专一不二'。"德鲁克此处所言的"专心"，其实就是指管理者应该抓好关键工作，对其他事务性的工作则可以大胆放权。

　　史玉柱在运作脑白金的时候只抓一件事情，那就是广告，因为脑白金这种直接面对顾客的消费品是营销驱动型的商品，所以，他就只管广告宣传，对其他经营管理工作一概不问。后来，当脑白金走上正轨，他重新拉起一支队伍，开始做"征途"游戏。这一次，他的工作重点转向了产品研发，游戏开发以外的工作他一律不管，因为网络游戏产品是研发驱动型的产品，因此，他只抓研发工作。后来，巨人网络成功上市，史玉柱又什么都不管了，他将脑白金的总裁刘伟调来做巨人网络的总裁。由于刘伟跟随史玉柱多年，史玉柱对她知根知底，平时也不管她，任其去发挥、折腾。腾出手来的史玉柱，又开始搞起了金融投资。

　　什么是善于授权的高效管理者，史玉柱的经历说明了一切。

　　话说回来，管理者在现实中究竟应该如何授权，以及如何掌握授权的火候，还需要具体问题具体分析。不过，以下几点注意事项

第六章　授予权限：重任在肩，干劲冲天

需要我们在这里强调一下。

授权不是"竹筒倒豆子"一样全部倒干净，一授到底，管理者应根据实际需要并酌情综合考虑团队成员的能力、态度、技能、特长、性格等要素授予其适当的权力。

不能说授权是绝对必需的，授权与否也要因人而异，在决定是否向下授权之前，你可以试着问自己几个问题：你是否百务缠身，经常加班；你是否无法抽出时间考虑整个团队的发展方向及战略；你是否很难找出需要授权让下属去办理的工作；你是否相信只有自己才可以把工作做好；你是否很难相信别人有能力将工作做好；你是否担心授权后下属会捅娄子，最终还要自己来收场；你是否由于怕失去控制而不向下属授权；你是否因为怕浪费时间而不授权。对于上述问题，你的肯定回答越多，那么，你就越需要授权。

授权是现代管理工作最重要的组成部分，管理者永远不要幻想自己一个人独揽大局。授权其实很简单，就是将权力授予合适的其他人，以使其完成特定的活动。它将决策的权力从组织中的一个层级移交至一个更低的层次。通常，授权往往发生在下列时刻：当你认为某个团队成员的能力足够优秀或卓越的时候；当你想提升某人或给他增加责任的时候；当你的主要关注点就是调整业已进展良好的技术、管理及领导工作的时候；当你发现需要扩展下属实践经验的时候；当你希望下属有更大作为的时候；当你希望某人为团队做出更大贡献的时候。当出现了上述情况，你就不要再犹豫了，应该果断地授权，授权不但可以帮助下属成长，你自己也会从中获益。

欲望管理

德鲁克在自己的著作中多次提到马歇尔,他认为马歇尔是一位杰出的领导者,在知人善任、量才适用、充分授权方面的造诣堪称典范。

第二次世界大战期间,马歇尔慧眼识珠发现了巴顿、艾森豪威尔、布雷德利等人。巴顿后来成了著名的"铁胆将军",艾森豪威尔成了后来盟军诺曼底登陆的总司令、美国总统,而布雷德利则是一位敢于撤销罗斯福总统儿子职务的领导者。

马歇尔在量才录用上有自己的一套做法,在做授权决策时,他往往会遵循以下5个步骤。

第一步,由于工作性质通常不会改变,而工作任务却时刻都在变化,马歇尔首先会认真考虑任务是什么。

第二步,任务确定后,马歇尔会同时考察几名符合条件的备用人选。对于备用人选,他会关注资历,更会注意量才适用。为了找到最佳人选,必须考虑至少3~5名候选人。

第三步,马歇尔在考虑几名候选人时会找出他们各自的特长,他总能一眼识别人才的长处。在马歇尔看来,候选人不能做什么事情并不重要,重要的是他擅长做什么事情,并且他会判定相关任务是否十分有利于候选人发挥自身所长。绩效必须建立在候选人的长处之上。

第四步,马歇尔会找到候选人以前的同事共同讨论,以准确了解他们的过去。

第五步,一旦敲定人选,马歇尔就会设法让候选人明白其任务是什么。在这一步骤上,最好的方法恐怕莫过于让候选人周密地计划——为了成功，他必须做到什么。而且，候选人上任3个月后要将自己的心得体会落实到文字上。

　　授权的前提是了解受权者的优缺点，要让合适的人做合适的事情，量才录用。如果下属所做的工作与其能力不匹配，则授权必会事倍功半，甚至折戟而归。

第三节　授权不等于放任，还要监控

管理专家彼特·史坦普曾经说过："权力是一把'双刃剑'，用得好，披荆斩棘，无往不胜；用得不好，则伤人害己、误工误事。"

德鲁克在提出"成功的管理来自充分授权"的同时，也清醒地认识到"授权不等于放任，必要时能够时时监控"。

看来，管理大师们主张的充分授权并不等于放任不管。可在现实管理实践中，不少管理者都拿捏不好授权的度：授权之前，事必躬亲；授权之后，则是一授到底、放任不管，完全陷入了不关注员工工作过程的"唯结果论"。

我曾前往杭州一家消费品企业讲授了几天关于员工授权的课程。后来，当我再次回访该企业的时候，很为管理层的改变而高兴，因

第六章 授予权限：重任在肩，干劲冲天

为不少人都明白了授权的重要性并去积极地实施。但是，也有一些不尽如人意的地方，比如一位姓苏的销售经理就向我抱怨授权效果不佳。经过一番了解，我弄清了她的大致授权模式。

有一项工作需要安排下去，苏经理就把这项对实现部门业绩很重要的工作交给了得力的下属小刘去做。她在授权时说："小刘，我不管你通过什么样的方式去做这项工作，我只关注你能不能达成目标。"果然，授权之后，苏经理就再没具体过问小刘的执行情况。

过了一段时间，由于一些意外事件的影响，小刘并没有把工作做好，也没有达成苏经理设定的目标，给销售部门业绩的达成造成了严重的负面影响。小刘因为这件事被公司通报批评，也失去了苏经理对他的信任。苏经理自己也因为部门业绩没有实现而被总经理在经理会议上点名批评，并且还失去了一个非常大的、本来应该属于自己部门的项目。这件事情不仅给部门与企业带来了损失，同时给苏经理自己与员工小刘都造成了不良影响。

我发现苏经理采用的是完全基于结果的授权方式，也就是简单的目标管理和奖罚管理，对过程中的各种复杂多变的因素却漠不关心，导致事与愿违——本来是最关注结果的，却反而看不到期望的结果。

如果苏经理在小刘完成工作的过程中能够关注到一些突发的意外事件，并且能够及时地给予协助或支持，一同分析，一起采取应对的措施，做出合理的、必要的调整去补救的话，那么，小刘就有可能在既定的时间内达成工作目标。

归根结底一句话，苏经理只是做到了授权，却没能做好授权后

131

的控制工作。

授权并不意味着放弃权力，也不意味着撒手不管。对于下属的授权本身就包含着委任与控制，它是指上级授予下属一定的权力，使下属在可控范围内具有相当的自主权和决策权。授权者对于被授权者具有指导和监督权，被授权者对授权者负有按时完成任务和及时报告的责任。管理者应该清楚，是把工作任务"交给"员工完成，而不是"抛给"员工不管不问。

对员工正确的授权方式应当是放权，但不是放手；委任，但不能放任。如果发现被授权者的工作与授权时的要求不符时，管理者应该及时地提醒他们校正自己的行为。不要忘记授权后还有一项重要工作，那就是做好控制工作。

一、做好命令追踪

有些管理者授权之后常常会忘记自己所发出的命令。岂不知，对于已下达的命令进行追踪是确保命令顺利执行的最有效方法之一，是一种有效的控制模式。

命令追踪的方式主要有两种：其一，管理者在发布授权指令后的一定时期内，观察命令执行的状况；其二，管理者在发布授权指令的同时与下属商定，下属应当定期呈报命令执行状况的说明。

在进行命令追踪时，管理者必须首先明确命令追踪的目的在于：① 控制命令是否按原定的计划执行；② 考虑有无足以妨碍命令贯彻的意外情况出现；③ 考核下属执行命令的效率；④ 反思、检讨自己下达命令的技巧，以便下次改进命令下达的方式。基于这样的目的，聪明的管理者会将目光聚焦于：① 下属完成任务的质与量；② 下属的工作进度；③ 下属的工作态度；④ 下属是否有发挥创造性的余地；⑤ 命令是否是合适的，有无必要对命令本身做出修正，或者下达新命令取而代之；⑥下属是否确切地了解命令的含义并按命令的精神完成任务。

二、进行授权控制

授权不是弃权，也不是撒手不管，还需要进行有效的授权控制，授权控制是任务最后完成的强有力保障。

① 目标控制。要依据工作目标和绩效标准进行过程控制。如果目标很大，则可把目标分解成阶段性的小目标，分别检查。建立定期报告制度，被授权者必须定期向授权者报告工作进展情况，对工作进程的重大事项进行说明，保证授权是沿预定目标前进的。

② 态度支持。对大多数管理者来说，授权不是可不可以的问题，而是愿不愿意的问题。因此，管理者一定要摆正心态，充分放权，让员工大胆去尝试，对员工的轻微错误要抱有宽容态度。尽量别干涉员工的具体工作，尽量不要让员工产生"授权就是被控制"的感觉。

③ 奖惩措施。当员工的潜能得以发挥、取得较大的工作成效时，管理者一定要适时予以奖励，对其出色部分予以充分肯定，对其不足部分提出意见和指导，再配以相应的物质奖励，从而激发员工的更大工作积极性。如果员工的行为已远远偏离原来的轨道，甚至给部门造成了严重损失；或者员工能力太差，根本无法完成任务，管理者这时应立即停止授权，以免造成更大的损失。

三、不要忽略了授权评估

授权总会在一定时间后结束，当任务结束后，要适时评估授权是否达成了预期效果。如果达到了，就应当予以肯定和推广；如果没能达到预期效果，就应该进行相应的检讨，以查找授权中的不足。常用的评估手段有以下几种。

①被授权者的状态评估。如果授权结束后，被授权者激情澎湃、精力充沛，毫无疑问，这种授权是成功的；如果被授权者一筹莫展，工作不知从何下手，那么，授权就有可能是不成功的。

②授权结果评估。这种评估主要体现在两个方面，即效率和业绩。当二者都有明显的改善时，说明授权是富有成效的；如果二者都没有明显改观，甚至出现了下降的情况，则说明授权出了问题。

③管理者的自我评估。当管理者从繁忙的工作中脱离出来，开始考虑部门乃至整个企业的长远发展问题时，这种情况下的授权就是有意义的；如果授权者授权后变得更加忙碌，下属的请示更多，需要处处帮助员工处理工作中的难题，那么，我们就可以肯定地说，其授权没有达到预定目的。

第四节　善用激励杠杆

做好管理工作，需要知道下面这个公式。

$$工作绩效 = 个人能力 \times 工作动力$$

分析这个公式，在员工个人能力不变的前提下，要想提升他们的工作绩效，就要增加其工作动力，而工作动力的大小则取决于激励的有效程度。

什么是激励呢？

美国管理学家贝雷尔森和斯坦尼尔为激励下的定义是："一切内心要争取的条件、希望、愿望、动力都构成了对人的激励。它是人类活动的一种内心状态。"

严格来说，人的一切行动都是由某种动机引起的，动机背后隐藏着人的某种需求。动机作为一种精神状态，它对人的行动起激发、推动、加强的作用，转变为相应的行为，直到需求得到满足、动机得到回馈。

"水激石则鸣，人激志则宏。"这就是激励的意义所在，它是用来缩短实际状况与渴望的理想状况差距的管理工具，能够引导他人以特定的方法朝着激励者设定的目标推进。

激励是一项重要的管理职能，也是一门高超的管理艺术，掌握了它，就能在员工心田里点燃热情之火，激发出员工高昂的士气和潜在的欲望。

激励之所以能够奏效，很大程度上在于人有无穷尽的潜力，但这种潜力在没有外界刺激的情况下又很难发挥出来。

法国的一位工程师曾经设计了一个引人深思的拉绳试验，如下所述。

他将被试验者分成一人组、二人组、三人组和八人组，要求各组用尽全力拉绳，同时用灵敏度很高的测力器分别测量其拉力的大小。

实验前，人们普遍认为，几个人拉同一根绳的合力应该等于每个人各拉一根绳的拉力之和，但实验的结果却让人大吃一惊。

二人组的拉力只是单独拉绳时二人拉力总和的95%；三人组的拉力只是单独拉绳时三人合力的75%；八人组的拉力只是单独拉绳时八人拉力总和的49%。

拉绳试验中出现了"1+1＜2"的情况，显然是有人在小组合作时没有竭尽全力。深入来说，这说明了人类与生俱来的惰性，一人单独行动，就竭尽全力；到了一个集体、一个团队则开始偷懒，将

第六章 授予权限：重任在肩，干劲冲天

责任悄然转嫁到其他人身上。社会心理学家研究认为，这是集体工作时存在的一个普遍特征，并且将其概括为"社会浪费"。可见，要避免这种"社会浪费"，让员工的欲望和潜力尽可能地发挥出来，最好的办法就是给他们以刺激，而最长效、最管用的刺激手段莫过于建立"人尽其才、才尽其力"的激励机制。

提到激励，大家很容易想到奖励，比如给员工发一笔奖金、发一些礼品、发些福利、发些提成等，就是升职也是变相的加薪，也需要花钱来解决。需要用钱来进行的激励，当然有其积极的意义，但很多中基层管理者由于权限所限，往往并没有太多的财权和人事权，因此很难在物质激励上有太多作为。实际上，有效的激励措施未必就一定要花钱，可供中基层管理者使用的激励方法有很多，如表扬、道贺、感谢、创造和谐的工作氛围、减少批评和指责等（见表6-1）。

表6-1　非物质激励措施

激励方法	原理	实操
荣誉激励	员工对归属感及成就感充满渴望，都希望自己的工作富有意义。荣誉向来都是人们激情的催化剂	对表现出色或贡献突出的员工，对一直在为部门奉献的员工，要毫不吝啬地授予一些头衔、荣誉，以此换来员工的认同感
榜样激励	标杆学习是经理人团队领导的一个重要武器。榜样的力量是无穷的，通过树立榜样，可促进员工的学习积极性。虽然这个办法有些陈旧，但实用性很强	树立榜样的方法很多，有日榜、周榜、月榜、季榜、年榜，还可以设立单项榜样或综合榜样，如创新榜、部门特别奖等。另外，经理的以身示范也是最好的榜样激励

表 6-1（续）

激励方法	原理	实操
参与激励	没有人喜欢别人强加于自己身上的东西。如果让员工参与公司经营目标、管理制度等的制订，他们会觉得那就是自己的目标和行为规则，就会充满期待地投入工作	建立员工参与管理、提出合理化建议的机制，提高员工主人翁参与意识。例如，让员工参与部门发展目标、方向的分析研讨，让员工参与项目确定，参与团队管理的各项规章制度的制订
聚会激励	不定期的员工聚会可以增强员工的凝聚力和归属感；同时，这反过来也有助于增强团队精神，营造积极向上的工作氛围，从而对员工起到间接的激励作用	可以举行一些活动，诸如中秋晚会、元旦晚会、周末外出踏青、集体出游、员工生日聚餐、部门庆功宴等，这些集体活动都可以成功地将员工聚到一起并度过快乐的时光
竞争激励	最好的团队管理机制不是试图去"让懒人变得有生产力"，而是在部门中形成追求高绩效的良性竞争环境，让懒惰者无处藏身	根据实际情况，将部门员工划分为若干工作小组，每天（周）公布业绩排行榜，每月月末进行总结，奖励先进，激励后进，调动团队力争上游的工作积极性
赞美激励	期望被赞美是人的基本愿望，大家都喜欢别人对自己的赞美。赞美能带给员工难以估量的成就感和自信心，是一种激励员工的有效方法	对员工的良好表现要及时表扬。表扬的标准要因人而异，应该个性化，对那些新员工、起点较低的员工，要求也应该低一些；而对骨干员工和优秀员工，表扬的标准则应该相应提高
培训激励	在知识更新越来越快的信息时代，"终身学习"和建立"学习型组织、学习型团队"已成为个人与企业在激烈竞争中立于不败之地的基本要求。管理者应该通过培训来调动员工的积极性	在力所能及的范围内争取企业层面的培训、学习机会，在自己的权限内为员工提供全方位、多层次的部门内部培训机会，增加企业人力资源的价值和员工自身的价值，提高员工的终身受雇力

表 6-1（续）

激励方法	原理	实操
危机激励	企业发展道路充满了危机，这种危机不是所有员工都能感受到的，特别是非市场一线人员。因此，有必要不断向员工灌输危机观念和危机意识，重燃员工的创业激情	不断地向员工灌输危机观念，让他们明白企业生存环境的艰难，以及由此可能对他们的工作、生活带来的不利影响。比如，任正非发出的"华为的冬天"等类似的预警
淘汰机制	让员工明白，如果不努力工作或工作没有业绩的话，就有可能被淘汰出局	建立科学的考核机制，达不到目标的责任人无论级别、资历、以往贡献都要下台，都要淘汰

第七章

决策机制：让员工参与决策，病猫变猛虎

· "达成共识式"管理的核心在于让员工充分参与到工作中来，提高员工的参与度，激活其欲望，调动其工作积极性。

· 将传统的自上而下式的"管理层决策"转化为去中心化的"群策群力"，可以有效唤醒员工的心流状态。

· 群体决策的第一条规则就是：必须听取不同意见。否则，管理者根本无法做出科学的决策。

· 决策过程应民主，但执行需集中，要心往一处想、劲往一处使，高效地去执行。

导读

第一节 "达成共识式"管理
第二节 唤醒员工心流：将"管理层决策"转化成"群策群力"
第三节 容纳不同声音，提升决策水准
第四节 决策应民主，执行须集中

第一节 "达成共识式"管理

麦格雷戈认为:"有关人的性质和人的行为的假设对于决定管理人员的工作方式来讲是极为重要的。"各层级管理者无不是以他们对员工的性质的假设为依据来采取不同的方式进行组织、管理、激励和控制工作的。基于这种认识,麦格雷戈提出了有关人性的两种截然不同的观点:一种为消极的"X理论",即人性本恶;另一种则是积极的"Y理论",即认为人性本善。基于上面的这两种人性的假设衍生出的管理模式是截然不同的。

"X理论"指导下的管理模式通常是"命令-控制式"的,即以毋庸置疑的口气、直接下命令的方式来管理员工。比如,"你不用辩解,这个领域我最专业,照我说的去做就行"。这种管理方式适合于管理20世纪的制造业工人,而不适用于管理当代的知识型员工,会直接抹杀他们的积极性、能动性,遏制人的欲望和潜能。

"Y理论"对应的则是"达成共识式"管理,即进行开明的管理,充分听取员工的意见、建议,乃至让员工参与到管理、决策中,充分发挥其专业优势和主观能动性,释放人性和员工潜能的同时也可发挥群策群力的优势。

"达成共识式"管理的核心在于让员工充分参与到工作中来。提高员工参与度,不应只是一句口号,而应落实到管理实践中,才能充分发挥每一名员工的特长与潜力,激活他们的欲望,增强他们的主人翁意识和使命感,调动他们的工作积极性。

一、让员工参与决策

传统概念里,企业的决策和执行是由不同的角色担当的,企业主或管理人员只负责做决策。通常情况下,员工在某项企业或部门决策出台之前是毫不知情的。员工的任务只是执行决策,而且必须全力以赴地把这个由最高管理层描绘于纸上的蓝图在最短的时间内转化为现实。在这种传统决策框架里,决策与执行之间必然会错位,会出现很多问题。于是,就有人提出应该让员工参与决策,以避免企业管理者做出一些不切合实际甚至根本无法顺利执行的决策。但是,这样做的话,似乎又出现了一个新的问题,那就是:由于员工的参与而延长了讨论时间,最终使得决策过程变长,最后错过了实施的最佳时间。事实上,这一点因素也是很多管理者忽视员工参与决策的一个重要原因。

事实证明，如果员工能够参与到团队甚至整个企业的决策中来，他们就能更加深入地理解相关决策的内涵，明白决策的重要性，知道自己应在哪些方面为实现该决策贡献自己的力量。当然，在参与决策之前，必须让员工充分了解相应的情况，了解企业的整体经营面貌，这样才能保证他们在参与决策时的高效率，才能创造全新的企业文化：每位员工都能清晰地看到自己对企业的价值贡献，所有成员目标一致，共同努力才能获取巨大成功。

通用电气的员工参与决策得到了最有效的贯彻执行。每年都有大约2万~2.5万名的普通员工参加"大家出主意"会议。通用电气前CEO韦尔奇还推行过一项"全员决策制度"，即让那些平时没有机会互相交流的员工与中基层管理者一同出席公司决策讨论会。这个制度对于企业尤其是像通用电气这样的巨型企业来说，好像会造成效率低下的局面，但实际运行的结果恰恰相反，并没有出现问题，反而避免了公司内部的官僚作风，大大地提高了工作效率。

二、让员工参与管理

所谓的让员工参与管理，简单来说，就是让员工参与企业、团队的决策和其他各项管理工作，重点是营造一种上下平等的工作氛围，让员工和管理者友好地探讨企业、团队中的重大问题。这样一来，员工就可以感受到来自上级的信任，进而体验到自己的利益与企业发展密切相关而产生的强烈责任感；同时，参与管理为员工赢得了一个证明自我的机会，能充分发挥其个人潜能。

参与式管理始于日本的企业，后来在西方企业中得到了普遍推广，目前已经成了一种成熟的管理方法。参与式管理强调通过员工参与企业的管理决策，使员工改善人际关系，发挥聪明才智，实现自我价值；同时，达到提高组织效率、增长企业效益的目标。

通用电气曾经推出一种别出心裁的员工参与式管理方法——一日厂长制。该项制度覆盖范围内，每一位员工都要写一份"管理计划"。自1983年起，每个周三都会由普通员工轮流担任一天厂长。在这一天里，"一日厂长"和真正的厂长的工作性质是没有区别的，上午9点准时上班，然后听取各部门主管汇报，以对全厂的营运情况进行全面了解，然后陪同真正的厂长巡视各个部门和车间。"一日厂长"还要做好工作日记，详细记载工作中出现的各种情况。各部门、各车间的主管也要切实依据这些意见随时改进自己的工作，并且须在干部会上提交改进后的成果报告以获得认可，而不仅仅走走形式而已。对于各部门或员工提出的问题，先由"一日厂长"进行处理，然后再呈报厂长。"一日厂长"根据自己的管理实践，还可向厂长提出自己的意见和建议。

这样的管理方式为通用电气带来了显著的成效，大大节约了生产成本，提高了生产效率。

三、组建质量圈

质量圈，通常是指由8~10名员工和其直接管理者组成的一个工作群体，他们共同承担责任。作为质量圈的成员，要定期会面，共同探讨工作中出现的质量问题，分析其成因并提出合理化建议和解决方案。对于这些质量圈成员提出的建议和方案，管理者一般

第七章 决策机制：让员工参与决策，病猫变猛虎

具有建议方案实施与否的最终决定权。员工由于能力和经验所限也有可能会提出一些有失偏颇的建议和解决方案，这就需要管理者去甄别。

为了提高普通员工"参政议政"的能力，质量圈的管理模式还应包括对参与的员工进行相关的培训工作，让他们了解群体沟通技巧、各种质量策略、测量和分析问题的技术等。

美国的企业最早采用质量圈管理模式，在20世纪50年代，这一模式传到日本，被日本的企业发扬光大，为日本制造立下了汗马功劳，甚至使日本的企业在和美国的企业的竞争中获胜。20世纪80年代以来，欧美和亚洲的企业开始大力实施质量圈活动。质量圈在倡导员工参与企业管理、激发员工工作欲望、提高员工的能动性上，发挥着极大的正向促进作用。

第二节 唤醒员工心流：将"管理层决策"转化成"群策群力"

提高员工参与度的关键在于让员工参与决策，这既是对员工的重视，也是对其能力的肯定，可有效唤醒员工的心流状态，将传统的自上而下式的"管理层决策"转化为去中心化的"群策群力"；同时，由于员工参与了决策，提供了意见、做出了某种承诺，因此能够产生员工承诺的"社会期望效应""社会唤醒效应"，使之处于公开状态和公众监督状态，有助于提升执行的效率和效果。

决策能力对于一名管理者的重要性无须多言。对团队领导而言，决策需要借助团队成员的力量群策群力，尤其是一些重大决策更需

第七章　决策机制：让员工参与决策，病猫变猛虎

要借助集体的力量。

当今世界上最关乎人类命运的决策是什么？答案可能有很多，一些核大国核武器的发射决策肯定是其中一个。

世界头号核大国美国如果接到核攻击警报，军方会在25分钟内向总统报告攻击规模及弹着点，总统在迅速选择报复措施后将搭乘直升机前往机密避难处。在机密避难处，总统将与参谋长联席会议主席一同做出核报复攻击的决定，核导弹攻击程序将会立即启动。这是一个极其谨慎的过程，需要很多人参与并经过很多程序：在决定核打击之前，一个特别专家小组会协助总统译出存放在核密码手提箱里的密码。当确认是总统发出的信号后，值班军官会用电脑把这些密码混合成一组相应数位的密码并打开自己的密码保险箱，将这些信号通过特别的通讯频率传给战略核导弹基地、战略轰炸机和弹道导弹核潜艇。发射平台接到密码后，会先同本部队保存的密码核对，确认无误后才发射核武器。对于发射装置，则必须由两人同时启动各自的专用钥匙才能发挥作用。这两个钥匙孔至少距离3米，目的是为了防止一个人发射导弹，以增强核武器的安全性。

核导弹发射的决策和执行，之所以要经过集体决策和很多道流程，就在于它事关重大，它是不可逆的，一旦做出将带来严重后果，因此必须将决策的风险和随意性降至最低，而集体决策是此等重大决策的最佳选择。

相对于群体决策，个人决策也有很大的优势，它的特点是决策迅速、责任明确，而且能够发挥决策者个人的主观能动性；同时，它也有很大缺陷，即个人决策受决策者个人自身的性格、学识、能力、

经验等制约，容易出现决策失误。

群体决策的优点是会得到更完整的信息，产生更多的备选方案，屏蔽掉更多的决策漏洞和风险，增加某个解决方案的合理性。群体决策也存在缺点：不容易达成一致，决策效率较低，没有具体人对决策风险负责等。

企业管理者每天可能都会面临这样的选择：到底是请直接上级个人做决策处理问题，还是采用提请会议做决策的方式处理问题？

如果你想提高决策速度，个人决策是首选。

如果你想提高方案的完善性和创新性，群体决策是个好方式。

如果你想让方案在决策之后得到更多人的支持和协作，那一定要选择群体决策。

当然，在进行群体决策时，你还需要判断与此决策最为密切的内部利益关联者，对这个决策有足够影响力的人是谁，对这个决策最有专业发言权的是谁。

某公司采购部门要进行年度供应商筛选的决策工作，方案提交到公司总经理办公会议上做决策。采购经理深知：过去一年中最了解供应商提供产品情况的是公司的质检部门、生产制造部门、仓储部门和产品售后部门。因此，该决策会议除了请公司领导参加之外，还特别邀请了上述几个部门的负责人，他们到会之后根据经验及自己的视角对公司供应商的选择给出了合理化建议。

群体决策不同于个人决策，会涉及团队的每一名成员，为了避免人多嘴杂的现象发生，影响最终拍板的效率，我认为团队在做群体决策时应当考虑以下4个因素。

第一个因素，设定好合适的最终拍板人。

群体决策看似简单，其实不然，它是由不同背景的人讨论一件事情，很多情况下都是大多数人具有决策权力却没有决策的相关背景知识。比如，当讨论技术问题时，市场、人力和财务主管也有同样话语权的话，那结果将不容乐观。因此，在每次决策讨论之前，一定要先设定一个最终的拍板人，也就是决策权归谁的问题，原则上应该让团队领导或知识背景与决策话题最接近的人做决策拍板人。

第二个因素，团队成员间绝不相互埋怨。

群体决策时，难免发生错误的决策。当出现决策失误时，团队成员之间切记不要做"事后诸葛亮"，更不可去埋怨挖苦责任人，因为这样做只会摧毁决策者的信心和信任，让结果更糟糕。这时候应该做的是以理解的心态正视错误，并且尽最大的努力来挽回失误。

第三个因素，团队成员能力均衡。

团队成员之间的能力最好保持均衡。有擅长进行定性分析的，有擅长进行定量分析的；有擅长做整体分析的，有擅长做局部分析的；有擅长提出问题的，有擅长提出解决之道的；有擅长分析优点长处的，有擅长查缺补漏的；有擅长搞生产的，有擅长搞研发的，有擅长搞销售的，有擅长人力资源工作的；有擅长分析企业问题的，有擅长分析行业问题的；有擅长批评艺术的，有擅长表扬艺术的；有擅长降低成本的，有擅长提高绩效的。

第四个因素，团队成员的性格最好能互补。

一个团队中，成员的性格关系通常有3种：一是冲突关系，比如一个人说东、另一个人偏说西，一个人说正、另一个人偏说反；

二是类同关系，不论对方说什么，自己都绝对支持；三是互补关系，即一个人提出某个观点，另外一个人会从另外的角度进行补充并提出自己的建议。

第一种关系，很难达成一致意见。第二种关系，容易产生共振，会导致错上加错的情形发生。第三种关系，可以取长补短、统筹兼顾。团队成员的性格最好能互补，这样做出的决策尽管可能会丧失大的机会，但绝不会犯致命错误。

第三节 容纳不同声音，提升决策水准

不少企业管理者都存在这种认识上的误区：上下意见一致、思想统一、执行有力是管理最有效率的保证，下属毕恭毕敬、点头哈腰、没有任何反对意见是管理者权威的体现。这种情况表面上一团和气，实际上是危机四伏。如果企业管理者在进行决策时，组织、团队里没有任何不同意见，大家一团和气，下属对管理者提出的议案都举双手赞成，听不到任何异议，那可能就有大麻烦了。须知，有不同的意见才能有更广阔的视角和思路。在管理中，员工提出的反对意见不是"毒药"，不是"标枪"，而是改进决策的"药方"。而且，敢于表达不同的意见，本身也是员工张扬个性、挥洒欲望的表现，能够在团队内部形成一种鼓励质疑、鼓励创新的积极工作氛围。

欲望管理

对于一名企业管理者而言,最大的危险之一就是下级都是一帮只知道奉承上级、唯唯诺诺的庸才。真正称职的企业管理者周围肯定有一批敢于发表不同意见的人,如此才能集合多方面的不同声音,才能不断改进自己,才能使自己更上一层楼。

卓有成效的企业管理者都知道,有效的决策总是在不同意见讨论的基础上做出的一种判断,它绝不会是"大家意见一致"的产物。换句话说,企业管理者的决策不是从"众口一词"中得来的,有效的决策应该建立在互相冲突的意见之上,从不同的观点和不同的判断中选择。所以,除非有不同的见解,否则,就不可能有决策。这是群体决策的首要原则。

通用汽车公司总裁斯隆曾在该公司一次高层会议中说过这样一段话:"诸位先生,在我看来,我们对这项决策的看法基本上一致了。"出席会议的委员们听后纷纷点头表示同意。

谁料,斯隆接着却说:"现在,我不得不宣布会议结束,这项决策到下次会议上再进行讨论。我希望到那时能听到相反的意见,这样我们也许才能对这项决策有真正的了解。"

斯隆不愧是"天才的管理专家",他看重的不是一团和气,而是认为正确的决策从正反不同的意见中才能得出。因为正确决策的意识正是在不同意见的冲突与矛盾之中产生的,是认真考虑对立各方行动方案的一个结果。

在决策时出现反对意见时,那些决策力较差的企业管理者一般会采取下面4种对策。

其一,心不在焉。即企业管理者听取员工意见时抱着不以为然的态度，这对员工的情绪有着很大的负面影响。

其二，仓促表态。有的企业管理者在听取员工意见时往往喜欢当场仓促表态，这对其他人充分发表意见也是很不利的。如果对赞成的意见表了态，其他人有不同意见很可能就不谈了；对不赞成的意见表了态，发言者就会受到影响，妨碍他们充分说明自己的想法，甚至话讲到一半就会草草结束。

其三，只埋头记录，不思考。埋头记录，固然表示企业管理者很重视员工的反对意见，但不思考往往会把员工意见中可取之处或蕴含着有价值的意见漏掉。

其四，自己来盖棺论定，其他人鸦雀无声。这样的话，企业管理者独断专行的局面会持续下去，民主的决策局面永远不会到来。

在我看来，对待不同意见的正确态度应该是这样的，下面，我一一讲述。

第一，多启发、多提问题。不仅要使员工把全部意见无保留地谈出来，还要引发他们谈出事先没有考虑的意见。为了使谈话紧紧抓住主题、提高效率，企业管理者也可以抛砖引玉，把自己对问题的考虑、设想，特别是问题的难点、症结讲给大家听，以启发员工思考。但是，不应把意见讲得太"死"或过于肯定，以免影响不同意见者的充分发言。

第二，对于员工的意见，除完全赞成上司意见或应付了事之外，不管是补充性意见或是不同意见，也不论是长篇大论或是寥寥数语，多少都会有可取之处，甚至有能帮助上司打开思路、非常值得探讨的有价值的内容。所以，在听取意见时，企业管理者首先要记下要点，但更重要的是要注意思考，要善于从员工的发言中捕捉或发现有意义的内容，及时把它提出来，引发大家进一步思考。

第三，就反对意见的情况做具体分析。很多时候，员工的反对意见是针对问题本身，未必是针对领导个人。往往是针对一个问题，员工发表了意见，管理者不同意；或者是管理者发表的意见，员工不同意。至于谁的意见最终是正确的，自有实践来检验。对正确的和有价值的意见，不仅口头上接受、工作中采纳，还要给予表扬甚至奖励。

第四，员工由于个人水平所限，提出错误甚至是荒唐意见的可能性也是存在的。对此，企业管理者切记不要予以打击奚落、冷嘲热讽，而一定要冷静、仔细地予以分析，让提意见者明白他们错在哪里，耐心地说明道理，使发言者认识上得到提高。

第四节　决策应民主，执行须集中

决策的目的是为了落实，没有得到执行的决策只是一纸空文，是毫无价值的。德鲁克也说："只有将决策变成了具体工作和责任时，决策才会彰显价值。"

企业管理者要将决策转化为行动，必须首先弄清楚以下几个问题。

第一个问题，决策必须要让哪些人知道？

第二个问题，必须采取什么行动来贯彻落实？

第三个问题，应由哪些人来执行？

第四个问题，这一行动应该包含哪些内容、经验和标准，以便让执行决策的人有所遵循？

企业管理者通过这些问题的答案才能真正使决策被分解成一个

个具体的行动,从而使决策产生出应有的效益。

对于决策的执行问题,我在这里着重谈几点,如下所述。

一、决策的过程应当民主

决策的方式主要有集权和民主两种方式。

集权决策的优势是效率高、速度快,如果碰到好的管理者,以满分100分计的话,他很可能会做出98分的好决策,但个人能力毕竟有限,难免会有出现疏漏的时候,这样一来,决策者犯起错误来也就没有了底线,他很可能会做出20分甚至更低的灾难性的决策。

民主决策则是建立在一个决策团队、一个决策体系、一种决策制度之上,这种民主式的决策虽然由于众多人参与会出现一些争执和扯皮的现象,效率相对也会低一些,甚至也无法做出90分以上的好的决策,但它也不至于做出不及格的低水平决策,能将决策平均水平保持在60~80分的优良水平之间。事实上,从一个较长的时期来看,这种稳定的决策水平才能给团队、组织带来渐进式的进步,而不是大起大落的前进。因此,企业管理者应致力于在自己的团体内构建一种民主的决策系统,让大家畅所欲言,表达自己的看法。这样的话,一来有助于决策的正确有效;二来,团队成员在执行有自己参与成分的决策时也会更加积极主动。

二、执行的过程必须集中

决策的过程中,大家可以积极献言、发表自己的看法,乃至提出不同意见,这个过程可以长一些、效率低一些。但是,一旦决策确定，整个团队必须二话不说，所有人员都不应再发出不同的声音，应心往一处想、劲往一处使，高效地去执行。

三、做好任务分配

决策确定后，应将决策细化为可供员工执行的具体任务，还要将任务分配下去，在为下属分配任务时，可以遵循以下5个步骤。如果企业管理者能认真地遵守这些步骤，一定能够提高自己的管理能力及提高企业的运行效率，把自己从具体事务活动中解放出来。

第一步：选定需要委派他人去做的工作。原则上讲，企业管理者可以把任何一项其他人能够处理的工作委派给他人去做。为了做到这一点，首先要对员工的能力有所了解。对工作和员工的评价是获得这种了解的途径。

第二步：认真考察要做的各种工作，确保自己理解这些工作都需要做些什么、有什么特殊问题或复杂程度如何。在企业管理者没有完全了解这些情况和工作的预期结果之前，不要轻易委派工作。

第三步：当企业管理者对工作有了清楚的了解以后，还要让员工也了解。要向处理这些工作的员工说明工作的性质和目标，要保证员工通过完成工作能获得新的知识或经验。

第四步：把工作委派出去以后，企业管理者还要确定自己对工作的控制程度。原因很简单：如果把工作委派出去，自己又无法控制和了解工作的进展情况，企业管理者势必会亲自"下场"，那委派就没有意义了。

第五步：切记不要把"热土豆式"的工作委派出去。所谓"热土豆式"的工作，是指那些处于最优先地位并要求企业管理者马上处理的特殊工作。例如，你的上司非常感兴趣和重视的某项具体工作就是"热土豆式"的工作，这种工作你要亲自去做。另外，非常保密的工作也不要委派给别人去做。

第八章

危机意识：保持危机感，化危为机

· 适度的危机感和危机意识，能够使员工保持高欲望的状态，提升个人和团队对成功的渴望。

· 致力于清除阻碍欲望型员工激情的负面情绪，使其避免坠入"温水煮青蛙式"的陷阱和危机中。

· 当能力强、欲望强的员工被淘汰出局，只剩下平庸的低欲望员工在混日子，那么，公司将变成一潭死水。

· 团队的带头人要具备打不垮的强大意志、顽强坚毅的品质，韧者无敌，才能带领团队应对危机与挑战，让团队充满欲望、激情和活力，所向披靡。

导读

第一节　增强员工的危机意识，提升团队对成功的渴望
第二节　清除阻碍欲望型员工激情的负面情绪
第三节　警惕员工管理中的"劣币驱逐良币"现象
第四节　建立淘汰机制，实现新陈代谢
第五节　提升管理者自身的抗击打力

第一节　增强员工的危机意识，
　　　　提升团队对成功的渴望

"一旦开始了例行公事式工作,就是该强迫自己发生改变的时候了。"德鲁克为什么在其著作中这样说呢?因为一旦开始了例行公事式的工作,就意味工作状态变僵化了。僵化的工作状态显然是难以适应日益变化、竞争日趋激烈的市场的,它会使人失去上进的欲望,失去竞争力,走向失败的深渊。

如何才能让员工摆脱例行公事式的工作呢?应该对他们进行危机激励,强迫他们做出改变,摆脱惰性状态,时刻保持危机意识。适度的危机感和危机意识能够使员工保持高欲望的状态,提升个人和团队对成功的渴望。

我们经常会看到一些企业的办公楼上贴着这样的标语："今天工作不努力，明天努力找工作。"这就是一种典型的员工危机激励方式，这种危机激励在很多知名企业也都被大力提倡。比如，微软公司的著名口号是"不论你的产品多棒，你距离失败永远只有18个月"；任正非对华为员工的警告是"华为的冬天很快就要来临"；惠普公司原董事长兼首席执行官普拉特说"过去的辉煌只属于过去而非将来"。

对员工进行危机激励，其目的并不仅仅在于唤醒员工的危机意识，也包括满足他们的猎奇好动、积极探索的需要，刺激员工不断践行自己工作上的新思路，鼓励和支持他们去冒险、去创新。因此，可以适当创造一点儿危机感，不断给员工提供一些动力，使之处于高欲望状态。美国旅行者公司首席执行官罗伯特·博豪蒙曾说："我总是相信，如果你的企业没有危机，你要想办法制造一个危机，因为你需要一个激励点来集中每一名员工的注意力。"

"天天都有危机感"是深航员工无时无刻不挂在嘴上的一句话，在这种危机意识的指导下，他们"吃着碗里的，看着锅里的，种着田里的"。另外，深航为了使企业和员工始终充满朝气与活力，独创了一条"道沟"理论，即"为每名员工前面铺一条路，后面挖一条沟"，或者说"前面放一块金锭，后面放一只老虎"，其意思是员工只能前进、不能后退，唯一的选择就是义无反顾地往前冲。深航的竞争上岗制度和末位淘汰制度堪称是全体员工身后的一条"沟"，公司每年进行一次考评，管理层如果不称职或连续两年基本称职则会被淘汰，对素质低下但暂不淘汰的员工实行待岗，待岗轮训制度每年强制淘汰率为5%，真正实现了"干部能上能下，员工能进能出，工资能升能降，机构能设能撤"的良性循环。

深航员工正是在这种无处不在的危机意识鞭策下充分发挥了个人潜力，在所有员工的合力之下，深航也取得了卓著的经营业绩。这家看似不大的国内航空公司，现在拥有全国民航1/50的飞机，取得了国内整个民航市场1/5的利润。

进行危机激励的最终目的并不是让员工收获危机感，它只是一种管理手段，真正目的是激励员工借此来不断提升自己的欲望和野心、挑战自我、激发潜能、追求卓越。

1. 给员工以危机感。适当地制造一些危机感对管理者和员工都有好处。为什么？太过安逸、稳定的工作，一般会影响员工的工作绩效。如果长此安逸、稳定下去的话，不仅会对企业造成损害，对个人的贻害也会很深。那些长期处于安逸工作环境中的人一旦遭遇不可避免的变化时，往往会束手无策、坐以待毙。

工作中的危机感并非是一件坏事情，毫无危机感的团队反倒应该引起管理者的注意。必须制造适当的危机感来激励员工的工作，让他们感到自己的工作离不开压力和危机感。当员工战胜他们面临的挑战时，就会更加自信地去应对未来的危机、应对未来的挑战，胜任力更强，从而对部门、企业做出更大的贡献。

2. 让员工保持适当的"饥饿感"。员工工作的时候要保持适当的"饥饿感"，这样可以更快地超越自己。从某种意义上说，人一生下来就注定会成为"猎人"的，也注定是"猎物"。只有保持适当的"饥饿感"，才能成为一个优秀的"猎人"、一个不被猎杀的"猎物"。

3. 让员工保持一定的不安全感。安全感是人类与生俱来的本能性需求，但过于安逸的环境又会磨灭人类的斗志和欲望。事实上，人的一生大多情况下都处于一种不安全的状态之中，越是高欲望人物、杰出人物、领袖人物，其内心的不安全感越强烈。因此，让欲望型员工怀有一定程度的不安全感，也是企业、团队充满正能量和战斗力的催化剂。华为正是因为拥有十余万内心充满不安全感的员工和充满了危机意识的企业文化，整个企业才能够抱团取暖，锐意开拓进取，共同积极面对充满了风险、未知、恐惧的全球市场，才有了华为的"胜则举杯相庆、败则拼死相救"的企业文化。

4. 督促员工不断学习，化解危机。学习是人类发展进步的阶梯。人之所以有危机感，是因为已有的知识结构无法应对新的挑战，通过学习则能改变这种状况。《三字经》说得好："人不学，不知义；少不学，老何为？"企业管理者要让员工意识到：如果不能与时俱进，不断地通过勤奋学习充实自己、提高自己的能力，那他很可能从一个人才变成企业乃至社会的包袱。人才其实是一个动态的概念，不是一成不变的，不是永恒的。人才需要不断地晋级、不断地发展，只有学习力不断地加强、不断地提高，才能保证人才始终是人才。

第二节 清除阻碍欲望型员工激情的负面情绪

企业中，尤其是发展到了相对成熟阶段的企业中常常会产生这样的现象：当新人成了"老人"，在固定的岗位上工作了很多年，工作内容早已烂熟于心、不再陌生，哪怕是高欲望型员工，其工作热情也逐渐降温，曾有的高涨激情不复存在；或者是长时间的超负荷工作，导致精神时刻处于紧绷的状态，缺乏应有的休息和娱乐，终日打不起精神，工作效率直线下降……最终会出现诸如"温水煮青蛙式"的陷阱和危机中。

招聘网站前程无忧曾进行了一项关于员工"工作激情"的职场

调查活动，数据显示：仅有 2.5% 的被调查者表示自己能够一直保持工作激情，剩下的绝大部分人都在面对或多或少的激情流失的问题。我们不禁要问，到底是什么东西"扼杀"了员工的工作激情？根据前程无忧的调查，那些"扼杀"员工工作激情的负面因素主要有 10 种，如表 8-1 所示。

表 8-1 "扼杀"员工工作激情的负面因素

序号	负面因素	所占比率
1	付出的比得到的多，缺乏加薪（奖金）、晋升机会	62.3%
2	重复劳动，以至于对工作丧失新鲜感	53.8%
3	无法认同上司的管理方式，但又无法改变	36.8%
4	缺乏工作方向和目标	30.2%
5	觉得目前的工作缺乏挑战性	27.4%
6	工作太辛苦，压力太大	25.6%
7	选错工作入错行，根本不喜欢目前的工作	17.9%
8	观点和做法经常被否定，对自己产生怀疑	14.2%
9	大材小用，公司没给自己机会	13.2%
10	企业方（高层）发生重大变化，失去工作方向	9.4%

要找出阻碍下属激情的消极情绪，还要具体问题具体分析，通常，以下几种负面情绪会对员工的激情起到腐蚀作用。

第一种负面情绪，消极情绪。

消极是激情的大敌。消极的人容易悲观，他们不相信自己会成功,不相信美好的未来;同时,消极的人又是怯懦的,在工作中缺乏积极进取和开创新局面的勇气。

消极的员工遇事容易逃避退却,而不是勇敢前进,更不敢去主动尝试。消极会让人意志消沉,而与激情高涨无缘。

第二种负面情绪,懒散。

懒散的表现是怠慢、闲散和无精打采,它是激情的毁坏者,是通向卓越业绩的最大障碍之一。

懒散会让人远离激情。懒散者善于夸夸其谈,好高骛远,但真正做起事情来的时候却又萎靡不振、无精打采。懒惰经常化身为恐惧,阻止人的正常行动。比如面对一项工作时,不是嫌它麻烦,就是觉得太复杂,不愿意去做。懒散者显然是没有什么希望的,没有任何一项工作是容易的,没有任何成功能够一蹴而就。

第三种负面情绪,喜欢抱怨。

抱怨是意志消沉的开始,是不负责任的前兆,是消极逃避工作的体现。

有人曾一针见血地指出:"抱怨是失败的借口,是逃避责任的理由。"很多才华横溢的员工在工作中表现不出应有的能力,大都是因为他们有抱怨的毛病。自恃有才,认为自己被大材小用,不愿意全力以赴,不愿意自我反省,每天都有一肚子的怨气,而不愿充满激情地去工作。

第四种负面情绪,缺乏工作荣誉感和成就感。

不论从事任何工作,它都能给人带来荣誉。但是,前提是要充满激情地认真对待工作,否则是很难得到工作给予人的正向回报的。

荣誉感一直都是激情的催化剂，它能够使人焕发出超凡的激情和动力。对工作的认同感，工作带来的自尊、自信和成就感，同样能让员工在工作中更加充满激情和自豪。没有激情就不可能努力追求荣誉和成功，也享受不到荣誉和成功的喜悦，会让员工更加消极萎靡，丧失激情。这是一种可怕的恶性循环。

第五种负面情绪，职业性懈怠。

人常常不是因为失败而放弃，而是因为疲倦懈怠而放弃。在失败还未到来的时候，因为疲倦懈怠，已经让人不知不觉地失去了激情。

大多数人日常的工作，大多是由许多琐事构成的。随着时间的推移及工作的重复，强烈的疲倦懈怠感就会向人袭来，挥之不去，甚至会给人带来怨气，这种怨气还会在工作中迅速传染，致使整个部门、企业都处于一种没有生机的状态中。那么，管理者又该如何消除上述阻碍员工激情的负面情绪、使之回归高欲望状态呢？以下5个办法可供读者参考。

1. 企业管理者要学会控制情绪。管理者在企业的发展中扮演着重要的角色，冷静、果断是管理者必须具备的素质。如果管理者情绪化且情况严重，就会导致管理者与被管理者之间矛盾加剧，最终会使大家丧失发展信心，工作没有干劲，缺乏激情，熟悉业务的主心骨员工大量流失，企业从而走向低效、"死亡"。

2. 向拖延开战。拖延就是拖拖拉拉，不负责任、不讲效率、不计成本。拖延是激情的大敌，它有很多外在的伪装——懒惰、漠不关心、健忘、得过且过，但这些伪装的后面通常都体现出一种情绪：畏惧工作。畏惧导致拖延，而拖延则会导致更深的畏惧情绪。这是一个恶性循环,拖延者常常被工作的难度和复杂性吓倒,他们担心自己无法完成任务,结果就会有意无意地使工作一拖再拖。所以,管理者要强化效率意识,大力提倡"今日事今日毕""事无巨细、事必躬亲、事不过夜"的工作理念,要干着今天的活、想着明天的事,以时不我待、只争朝夕的超常作风保证各项工作的顺利开展。

3. 让员工养成"把握当下,立即行动"的习惯。在那些激情高涨的员工眼里,"现在"这个词有着重要的意义;而"明天""下个礼拜""以后""将来某个时候"或"有一天"往往就是平庸员工经常敷衍工作的借口。平庸的员工之所以经常无法将工作做得更出色,就是因为需要他们"现在就去做,马上开始"的时候,他们却习惯于"我将来有一天会去做",久而久之,就养成了拖延的恶习。

我们都知道"闹钟法则",假如你为了能够按时上班,把闹钟定在早晨6点。然而,当闹钟响起时,你睡意仍浓,于是起身关掉闹钟,又回到床上去睡。久而久之,你肯定会养成早晨不按时起床的习惯;同时,你又会为上班迟到而寻找借口。这些都是导致一个人没能立即去行动、没有做好事情的因素,所以,我们面对工作时一定要放弃这些不良的习惯,一定要学会把握当下,立即采取行动。

4. 大力治"懒"。"懒"就是没有把心思用在工作上,慢作为、不作为。有些员工积极进取意识不强,对工作研究不具体,对问题思考不深入,自己担负的工作任务迟迟得不到执行。这种懒惰的情绪会严重制约事业的发展。管理者要在自己的员工队伍中弘扬"用心做事"的精神,让员工用心工作、勤奋工作,和懒惰说再见,确保时刻处于饱满的工作状态,确保各项工作高水准的得以完成。

5. 简单的、重复的工作也要认真对待。总是重复一项工作，容易让员工丧失激情。这种现象的背后则是存在于员工内心深处的负面情绪——不愿做简单的工作、不愿做一些看似微不足道的小事情。作为管理者，应该经常能看到这种情况：提起简单的工作，很多心高气傲的员工往往不屑一顾，他们认为自己的价值应该体现在去做那些复杂而有意义的工作。显然，这是一种工作认识上的误区，而事实恰恰相反，那些真正的成功人士即使是面对最简单的工作也能以最认真的态度去对待，他们能够把简单做成不简单，甚至将复杂的工作也做到简单。

海尔集团的张瑞敏说："什么是不简单，能够把简单的事情千百遍做对，就是不简单；什么是不容易，大家公认的非常容易的事情认真地做好，就是不容易。"事实上，成功就是这么简单，很多人错误地认为成功是一种高度，其实不然，成功有很多种，能够把简单的事情认真做到完美也是一种成功。将简单的工作认真去做、重复去做，直到没有瑕疵，就是不简单，就是值得尊重的成功。

第三节　警惕员工管理中的"劣币驱逐良币"现象

"劣币驱逐良币",原本是一个经济学名词,它指的是:人们将成色好的货币收藏起来,致使市场上只剩下成色差的货币在交易、流通。

具体到企业的人力资源,也存在"劣币""良币"之分,一旦管理不当,让"劣币"得势,那他们也必然会限制"良币"才能的发挥空间,成为"良币"前进的拦路虎,"良币"就会选择将才能隐藏,忍受不了的人会选择离开。久而久之,企业中留存下来的就只有"劣币"型员工了,将高欲望的"良币"型员工淘汰出局,将给企业发展埋下重大隐患。因为，当能力强、欲望强的员工被淘汰出局，只剩下平庸的低欲望员工在混日子，那么，企业将变成一潭死水。要避免这种现象的发生，就要对员工做出有效评价，并且在此基础上对他们进行针对性的管理，进行绩效评估，做出相应的激励与惩罚措施。正如德鲁克所说："如果我们不能有效评价员工的工作，就无法进行有效的管理。"不错，如果管理上搞"一刀切"，不能有效评价员工工作的优劣与差异性，就无法进行公平的奖优罚劣，其造成的局面无异于吃大锅饭，其结果将会是"劣币驱逐良币"，相信这是每一个企业管理者都不愿意看到的局面。事实上，只要予以适当的注意，人才管理上的"劣币驱逐良币"现象是可以成功规避的。

1. 全方位考核员工的胜任力。对员工的胜任力可从以下几个方面去考核。

第一个方面，道德，也就是员工的思想道德情况，即：是否诚实、守信，是否为人正直，是否能以团队、企业为家，是否把企业的利益放在了重要的位置；是否善于和其他员工协作；是否具有积极进取的工作态度等。这些是决定一个员工能否认真工作、圆满完成任务的关键考核标准。回答这些问题是不能用数据来衡量的，而应该是根据员工的日常工作、待人接物、办事能力等多方面做定性的判断。具体来讲，可以将员工划分为优秀、良好、合格、一般等不同的等级。

第二个方面，能力，这是能否胜任工作的最重要衡量标准之一，也就是从能力的角度去衡量员工是否能胜任工作，是否能够圆满完成任务。如果答案是肯定的，那么，员工就具备胜任相应岗位工作的能力,是胜任工作的。能力是衡量一个员工是否胜任的最基本标准,也是员工完成工作必须具备的最基本的素质之一。

第三个方面,勤奋。员工的勤奋程度可用优秀、良好、合格、一般4个等级来衡量,勤奋程度往往是决定一个员工是否能够战胜困难、克服艰难险阻、是否胜任工作的重要因素之一。

第四个方面,绩效,也就是工作业绩。不同的工作岗位,有不同的绩效衡量标准。比如,对于生产线上的工人,就可以用产品数量来衡量其绩效标准。而有些岗位是不能用数量来衡量绩效的,如办公室人员的工作比较零散,很难进行量化,但我们可以以他们是否完成了本职工作来进行衡量。办公室人员从事的基本上都是一些支撑、配合性的工作,因此,就可以看他们的工作是否影响了其他相关部门和人员的工作。如果他们日常事务处理及时,并且很好地协调了其他各方面的工作,保证了企业的正常运转,那么,他们就是完成了工作任务。对于他们的绩效考核标准,可以划分为优秀、良好、一般等几个不同的等级。

2. 建立绩效、胜任力双重考核标准。胜任力代表了个人在企业里的发展潜力,绩效则为胜任力的产出成果,因此,胜任力应该从员工的发展潜力和实际绩效水平两个方面来考核,如图8-1所示。

按照上述两个维度,管理者对以下4种情况下的员工应区别对待。

第一种,既有工作业绩,同时还具备相应发展潜力的员工,要委以重任,从激励、保留、培养等多角度加强对这部分员工的管理与潜能开发,尽量使其留在企业内,成为核心与骨干,以便创造更大的价值。

第二种,"高发展潜力、低工作绩效"的员工则是企业发展中的不确定性因素。对于这部分员工,应考察他们业绩不佳的原因,如果是由个人能力上的硬伤造成的,就可以考虑将其淘汰;如果是工作环境、个性与工作不匹配等其他管理因素或组织因素造成的,那么,管理者应根据员工的情况进行调整,促使其发挥潜能、提升绩效,转变为"高潜力、高绩效"的核心人才。

第三种,"低发展潜力、高工作绩效"的员工由于他们基本上已经发挥出了个人的潜力,所以,应当尽量在保持职位不变的情况下赋予他们更多的责任和工作内容,并且积极发挥其培养下属的作用。

第四种,"低发展潜力、低工作绩效"的员工则是企业发展的一大障碍,可以考虑调到其他工作岗位。

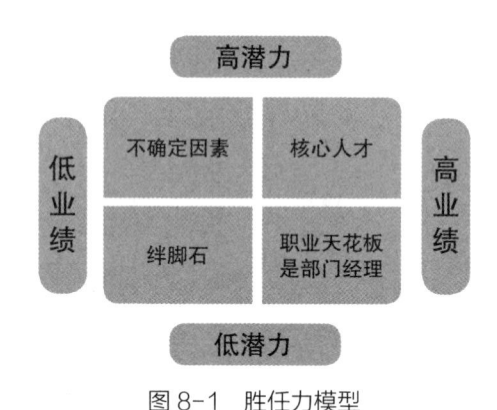

图 8-1 胜任力模型

第四节　建立淘汰机制，实现新陈代谢

企业出现人员流动现象是正常的，合理的人员流动可以带来绩效的提升，带来管理方式的转变，带来员工竞争意识的加强。所以，企业需要正常的人员流动，只有流动才能壮大整个团队，带来团队的长远发展。组织成员的优胜劣汰，是组织重组和焕发团队活力与激情的关键举措。

通用电气前 CEO 韦尔奇领导下的人员差异化管理（依工作表现将绩效分为最顶尖的 20%、中间的 70%、垫底的 10%）即是通过人员流动维持组织活力的例子。其中，20% 的最顶尖的人被界定为最好，要进行提薪或晋升；最后的 10% 为最差，则要被淘汰。

团队成员的合理更替，既能保持团队的流动性，又能保持团队

欲望管理

的相对稳定性。第一，通过淘汰旧有人员，引进新进人员，可以为团队带来新的气象、新的风貌。第二，在淘汰过程中，通过裁减闲余人员，可以节约人力成本。第三，通过淘汰平庸人员，提升效率。第四，在实施有效淘汰管理过程中，应增加领导者的管理责任，以刺激团队不断改进管理。

360董事长周鸿祎曾发微博指出——"公司部门领导和人力资源部门要定期清理'小白兔'员工，否则，就会发生'死海效应'。公司发展到一定阶段，能力强的员工容易离职，因为他们对公司内愚蠢的行为的容忍度不高，他们也容易找到好工作；能力差的员工倾向于留着不走，他们也不太好找工作，年头久了，他们就变成中高层了。这种现象叫'死海效应'。好员工像死海的水一样蒸发掉，然后死海的盐度就变得很高，正常生物不容易存活。"

《团队协作的五大障碍》的作者在书中讲了这样一个案例。

主人公凯瑟琳曾在旧金山一家知名零售公司负责一个财务分析部门。在她看来，自己接管的是一个很不错的团队，其中有一个名叫弗莱德的员工工作能力出色，总是能保质保量地完成所有分配给他的任务。一段时间后，凯瑟琳发现弗莱德提交的报告不仅质量极高，而且他个人贡献的报告数量竟占到了部门的一大半。但是，部门中的其他成员却无法忍受弗莱德，因为他从来不帮助别人，还让别人承认他很优秀，很多人都因此向凯瑟琳告状，凯瑟琳也正式地和他沟通了一次，最终还是容忍他了，因为她不想开除团队中表现最优秀的员工。

后来，团队业绩开始下滑，为了挽回颓势，凯瑟琳就将更多的工作安排给弗莱德，让他独挑大梁。谁知，这一举措却让团队士气更加飞速下落，别人对弗莱德的抱怨有增无减，他对团队的负面影响已经超出了凯瑟琳的想象。

经过一番斟酌，凯瑟琳决定将弗莱德提升为经理。这下好了，团队一下炸开了锅，7个分析师有3个辞职，部门陷入一片混乱之中。第二天，凯瑟琳就被解雇。几周后，弗莱德也离开了。那家公司新雇了一个人来负责那个部门，仅仅一周后，部门业绩就恢复到了之前的水平，而且是在缺少3个分析师的情况下做到的。

最后，凯瑟琳总结："是我对弗雷德的容忍导致了这一切，他们解雇我算是做对了。"

对于团队中的明星员工一定要有清醒的认识，并且要加以妥善的管理和引导，积极发挥他们的优势；同时，要限制他们释放出那些令团队不和谐的音符。如果你在现实中也遇到了和凯瑟琳一样的问题，那也应该有"壮士断腕"的决心。除此之外，你的团队中一定还有这样的员工：他们总是抱怨领导不重视自己、不重用自己，好位子都给了别人，却不给自己机会；他们总是在破坏性地做事，你看不出他们是在工作，倒像是制造矛盾、无事生非；他们总是等着别人去做工作，自己却能偷懒则偷懒；他们总是"胡做""蛮做""盲做"，不但没有好的结果，还不断地浪费着公司的资源；他们总是在做无用功，看似没有浪费公司的资源，实则是在浪费自己的时间和精力，归根到底还是在浪费公司的资源；他们也想把工作做好，可惜却采用了低效的标准和方法，并且没有按正确的方法有效地做……对于这些员工，如果通过各种管理措施都无法让他们加以改善的话，就要及时淘汰。这是考验一个管理者是否具备领导力的一个重要指标，不仅能招人、管人，必要的时候还必须让不称职的员工走人。

第五节　提升管理者自身的抗击打力

作为团队的带头人，企业管理者必须具备打不垮的强大意志，必须具备顽强坚毅的品质，必须韧者无敌，才能带领团队应对危机与挑战，让团队充满欲望、激情和活力，所向披靡。

企业管理者的抗击打能力不是天生的，是被一件件事情、一个个挫败击打出来的，创业和企业运营管理都充满了不确定性，只有拿得起、放得下、想得开，才有可能不被击倒、不被淘汰。

一、做强者，提升心理强度

一项调查显示，最不受员工欢迎的领导者形象是这样的，如图8-2所示。这些描述，其实都是缺乏魅力的表现，他们不符合员工心目中的强者形象。所谓"强将手下无弱兵",每个人都想追随更强的管理者。事实上,追随比自己更强的人也是人们的一种天性。

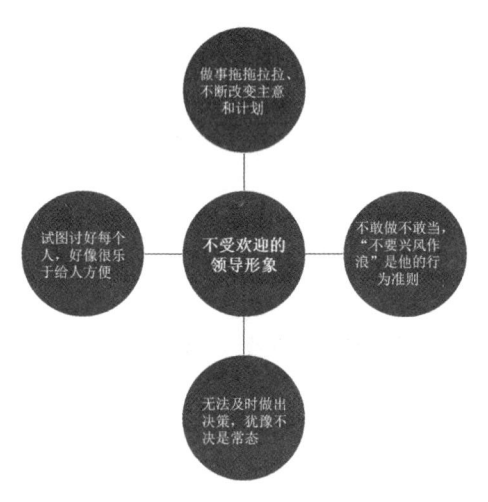

图 8-2 不受欢迎的领导者形象

说起来,做个强者并不难,很多时候只是能力和性格的问题。但是,需要注意的是:强者并不一定是那些说一不二的人,也不是那些僵硬不知变通的人。强势不是横眉冷对、居高临下、高人一等、强硬生冷,强势更不代表野蛮和粗鲁;恰恰相反,它更多的是强悍的内在修为的体现,代表着心理的强大、气场的强大、控制力的强大、影响力的强大。强势领导力代表着对员工思想和情感的有力掌控,这种强势本身也会对员工产生潜移默化的影响,左右他们的做事风格。那么,领导者的心理强度是从哪里来的呢?有3个来源,如图8-3所示。

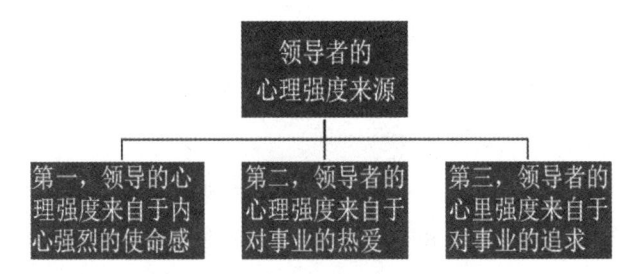

```
                   ┌─────────────┐
                   │  领导者的    │
                   │ 心理强度来源 │
                   └──────┬──────┘
         ┌────────────────┼────────────────┐
┌────────┴───────┐ ┌──────┴───────┐ ┌──────┴───────┐
│ 第一,领导的心  │ │ 第二,领导者的│ │ 第三,领导者的│
│ 理强度来自于内 │ │ 心理强度来自于│ │ 心里强度来自于│
│ 心强烈的使命感 │ │ 对事业的热爱 │ │ 对事业的追求 │
└────────────────┘ └──────────────┘ └──────────────┘
```

图 8-3　领导者心理强度的 3 个来源

二、不达目的誓不罢休的决心

一个人的欲望能否实现,决心和意志能起很大的作用。在任务和事业面前,没有下定决心的人是很难取得卓越成绩的。

作为领导者,你应该让上下左右都看到你的决心。有了它,你将无往不胜。

三、打不垮的信念

做领导,可谓是"一年知进退,五年见高低,开弓就没有回头箭",这个过程中必定会出现很多预料到的、预料不到的问题与挑战,胜利走完过程靠的是坚持、拼的是信念。

一个信念力不足的管理者会朝令夕改、摇摆不定,无法"一条道走到黑",因而也就看不到光明,这种情况最终会反映到所带的团队身上,使团队沦落为低欲望团队。

事业成功和坚定的信念之间是存在着直接联系的,理查德·布兰森的经历也是一个很好例子。这位极具个人魅力的管理者是著名

欲望管理

的维珍集团创始人,在其自传中,理查德·布兰森说:"我的信念是,每一天的每一分钟都应该全心全意地度过,并且我们应该不断地去发现任何人、任何事情最好的一面。"

  不要忽视信念的力量,它能够指引我们的方向,决定我们面对世界的态度,影响我们的成就和格局;而且,它是控制我们潜能发挥的阀门,也是我们实现内心欲望和事业成功的基石。

第九章
分钱机制：激发员工无限动力

- 将人才视为资源，而非成本，给予他们相应的报酬和物质激励，敢于分钱才是领导者和管理者应具备的格局，员工的潜能和欲望才能从根本上得以释放。
- 经济利益关系是员工管理的基本纽带，应该与员工构建一种合理的经济契约关系，满足员工的经济利益和经济诉求。
- 管理者要一手抓梦想、一手抓收入，两手都要硬，缺一不可。
- 真正做到让所有员工公平分享企业成长带来的成果，不能依靠领导的一时兴起、一时头脑发热，必须要有一套规范的分配机制来约束调节。

导读

第一节　转换观念：人才是资源，而非成本
第二节　构建经济契约，进行本源激励
第三节　一手抓梦想，一手抓收入
第四节　完善价值评价和价值分配体系

第一节　转换观念：人才是资源，
　　　　　而非成本

很多企业主或企业家认为人力成本是一种企业不得不付出的成本，从不将之视作一种资源，因此，极力压缩人员开支、想方设法克扣员工工资，试图以尽可能低的人力成本来维持企业的正常运转。甚至，我还看到有些所谓的人力资源专家写的诸如"如何用二流薪资吸引一流人才"的文章，既然是一流人才，为何不给予相匹配的一流待遇，而非要在报酬上算计？无论如何，这种策略都难以沉淀下真正卓越的人才，也并非有格局的用人之道。

视人力为成本，是陈腐的观念。德鲁克曾经说过："企业只有一项真正的资源——人。"IBM公司总裁华生也有类似的观点，他说：

欲望管理

"你可以搬走我的机器,烧毁我的厂房,但只要留下我的员工,我就有再生的机会。"在这些管理大师或企业家的眼里,人才都是资本,而非成本。他们明白企业经营是以成本为中心、以技术为中心、以市场为中心,其实最终所有的这些"中心"都要回到一个原点上——以人为中心。因此,不论是成本、技术、市场,还是质量、效益,最终都是通过人来实现的。从表面上看,人力资源于企业是一种成本,但实质上它是一种不可或缺且不可多得的资本,是重要的核心盈利资源。有了它,才可让企业成倍增值。举个简单的例子,假如一家企业要招聘一名技术人员,有甲、乙两人应聘。其中,甲的期望月薪为15000元,这个要价看似不低,但他加盟后有可能会为公司创造出每月15万元甚至于150万元的利润;乙的期望薪金只是2500元,但他在实际工作中很可能不能为公司创造什么价值,甚至会给公司造成损失。通过这种简单的对比,我相信大家都能清楚地意识到:真正的人才不是企业的成本,而是资本,是资源,并且是盈利资源。三星会长李健熙是这种人才理念的践行者。

1988年,李健熙接任三星会长,提出了要进行二次创业的宣言,朝着世界一流企业的方向努力。为了促成这种蜕变,人才战略始终是李健熙的一个重要关注点,在他提出的9条需要着力贯彻的核心原则中,有这样一条——尊重人格,也就是要将人才视为最宝贵的资源,对内要意识到每位三星员工都是经营的主体、而非经营的手段。将三星经营理念定位为"以人才和技术为基础,创造出顶级的产品和服务,为人类社会的发展做出贡献"。

2001年,为了留住优秀人才,李健熙在三星建立了"职业规划

第九章　分钱机制：激发员工无限动力

中心",果断实施以人才为中心的人事管理制度。在李健熙的观念中,"企业不培养人才是一种失职,一个没有优秀人才的企业不可能成为一流企业"。

长时间对人才的关注和行之有效的人才战略,使三星的竞争力猛增,企业实现了跨越式发展。2002年4月,三星电子的市值成功超越日本索尼。

面对这种非凡业绩,李健熙带领下的三星依旧清醒,他甚至提议将2002年定位三星未来发展的一个元年。为了支持今后阶段的持续成长,李健熙指示企业要寻找能够挖掘未来"树种"的人才。他还对未来人才提出了明确要求:第一,能够主导三星的"新树种"事业;第二,具备极强的应变能力和创新能力;第三,具备明确的价值观和组织观;第四,德才兼备。

这一切都说明了三星对人才资源和人力战略的极端重视,他们不仅仅是以世界最顶尖企业为标杆,而且在自身实现了由韩国一流企业向世界一流企业的华丽转身后,仍然以开拓者的姿态乘风破浪地行走在人力战略探索的最前沿。

对于人力资源、人才战略,企业管理者的很大一部分关注点应该放在核心人才上,因为他们发挥的作用更大,堪称是形成企业竞争力的灵魂所在,但前提是要加强对核心人才的管理,否则,他们的能量就难以释放出来,正如德鲁克所说:"核心人才不能被有效管理,除非他们比组织内的任何其他人更知道他们的特殊性,否则,他们根本没用。"

在对核心人才的追逐和培养上,李健熙同样有自己的独特见解。

欲望管理

在他看来，"在两三个世纪以前，数十万名奴隶才能养活一名君主，而今天一位天才就可以养活数百万人。开发一款成功的软件一年就能成功赚取几十亿美元、为数十万人提供就业岗位"。在这种理念的指引下，三星可以为了挖掘一名世界顶级科学家而给其开出8000万美元的天价年薪。与此同时，李健熙认为三星必须开展天才教育，他对核心人才的界定标准为：第一，学识渊博，技艺精湛，业务素养扎实，业绩突出；第二，胸怀宽广，善于合作，甘于奉献，关心同事，清正廉洁；第三，具有极强的判断力和决策力，能够借助非凡的领导才能带领下属达成目标，创造业绩；第四，接受并能够融入三星的企业文化中，时刻铭记三星的价值观。

三星成功的事实证明李健熙对人力战略的洞察力的敏锐性。在企业中，往往是那些20%的核心人才创造了80%的效益。毫无疑问，这20%的人才算得上是企业最宝贵的核心资源，他们才是在当今产品、技术、渠道等竞争因素趋于同质化的形势下让企业战胜竞争对手的灵魂所在。

欲望型员工原动力的激发，首先在于观念的转变。试想一下：你想让员工忠心，让员工敬业，让他们拼命工作，却又舍不得付出，不懂得加大力度去拉拢，又怎么可能会如你所愿呢？

将人才视为资源，而非成本，给予他们相应的报酬和物质激励，敢于分钱才是领导者和管理者应具备的格局，员工的潜能和欲望才能从根本上得以释放。

第二节 构建经济契约，进行本源激励

在企业管理中，管理者同员工首先应当构建一种合理的经济契约关系，满足员工的经济利益和经济诉求。经济利益关系是员工管理的基本纽带，经济利益也是企业与员工之间最根本的关系，员工工作的核心追求就是经济价值。

与员工构建合理的经济契约，能够从根本上解决员工的欲望激发问题和动力问题。

我们先来看4个现象。

第一个现象，为什么秦军打起仗来敢玩命？

秦人如此玩命，事出有因。根据商鞅的新政，秦国的士兵只要斩获敌人"甲士"（敌军的军官）一个首级，就可以获得一级爵位"公

士",得田一顷、宅一处和仆人一个。斩杀的首级越多,获得的爵位就越高。

如果一个士兵在战场上斩获两个敌人"甲士"首级,他的父母如果是囚犯就可以立即释放。如果他的妻子是奴隶,也可以转为平民。

打一次胜仗,小官升一级,大官升三级。

在这种有效的激励机制之下,杀敌立功就成了秦国平民翻身的唯一砝码,所以,秦军从上到下就像火柴遇见了汽油,像一团团烈火发疯般地烧向敌军,一路所向披靡,灭六国,助嬴政登上大位,君临天下。

第二个现象,为什么中国农民在改革开放后很快就能吃饱穿暖了?

因为农民过去是吃"大锅饭",干多干少一个样。这种机制下,人人都想方设法偷懒,导致集体生产效率低下、粮食产量极低,再加上分配机制的不合理,导致大部分人都吃不饱饭。改革开放以后,农村实行家庭联产承包责任制,则完全掉了个个,农民是给自己干,干多干少都是自己的,个体隐藏的潜力和欲望被彻底激发出来,极大提高了生产效率,收成也是节节攀升,温饱很快就不再是一个问题了。

第三个现象,为什么企业主在没有上级监督的情况下,仍然起早贪黑、无怨无悔地醉心于自己的事业?

企业运营不过是钱和事,钱和事之间的关系又无外乎这几种,拿自己的钱办自己的事,结果是既节约又有效率;拿自己的钱办别人

第九章 分钱机制：激发员工无限动力

的事，结果是节约但没有效率；拿别人的钱办自己的事，结果是不节约但有效率；拿别人的钱办别人的事，结果是不节约也没有效率。

为什么企业主会起早贪黑、无怨无悔、全力以赴地服务于公司、忠于事业，就因为他们是在拿自己的钱给自己办事，是在为自己赚钱。

对于企业主来说，工作已经成了一种信仰，所有的坎坷羁绊都要为此让路，付出再大的代价也在所不惜，因为他们是在为自己赚钱。

第四个现象，为什么员工能够披星戴月、废寝忘食、魂牵梦绕、全力以赴地工作？

是因为公司有着良好的激励机制和薪酬制度，所以，他们转换了自己的思维方式和行动模式，把企业主的钱当成自己的钱——凡事讲节约，把企业主的事当成自己的事——凡事讲效率和效果，像企业主那样操心，具有主人翁意识，以企业主的心态用激情去工作，最终的结果将是：企业主会把员工当成自己人，而员工收获的是自己想要的收入、职位、梦想和荣誉。

秦军为什么拼命？为了土地、爵位。

农村实行家庭联产承包责任制后，农民为什么干劲十足？为了温饱、富足。

企业主为什么拼命？为了赚钱、事业。

有主人翁意识的员工为什么拼命？为了赚钱、地位。

…………

通过上述 4 个现象的分析，其实能够在一定程度上让我们明白，人究竟是怎么一回事。在我看来，人都是务实的，都是自私的，都是趋利的！

经营企业，带领团队，关键是经营人，经营人的要旨在于把握人性，然后想方设法去满足人性。

一个领导者，一个团队带头人，要给员工创造4种机会：赚钱的机会、做事的机会、成长的机会、发展的机会。

赚钱的机会应排在第一位，你必须要给员工足够的养家糊口的钱，让他们在工作中得到实惠。在此基础之上，再谈其他。否则，整天讲什么"授人以鱼不如授人以渔"都不过是糊弄人的鬼话。

领导带团队，要有分钱的意识，给大家打造一种"发财"的机制，让大家能挣到钱、得到发展。这样一来，才能一呼百应、应者云集。遗憾的是，很多人意识不到这一点。我看到很多企业主时常挖空心思设计绩效考核制度。明面上，他们自称是为了激发员工的干劲，其实心里面有自己的小算盘，生怕员工拿到的钱太多，亏了自己。我们可以看出来，很多管理者都是制订绩效考核制度的能手，现实中更加司空见惯的是：绩效考核措施从无定型，朝令夕改。这必然会导致人心浮动，员工徘徊不定，忠诚度不高，归属感不强，这山望着那山高，一旦有人以更高的待遇伸来橄榄枝，他们立马会动摇。斤斤计较的管理者带出来的必然是斤斤计较的员工，反之亦然。

在任正非眼中，华为是"三高"企业：高效率、高压力、高工资。他坚信，高工资是第一推动力，重赏之下才有勇夫。

史玉柱也认为给员工高工资时，实际成本是最低的。他说："根据我的经历来看，给员工高工资时，实际成本是最低的，公司是主动的。在人才面前，若你比其他竞争对手给出的工资高一截，一年之后你回过头来看，你所获得的利润远远高于你所付出的成本。企业最高的成本不是给合格的员工发高工资，而是还在给大量不合格的员工发低工资。"史玉柱从一夜负债数亿元到东山再起身价上百亿元，同他的"敢分钱"是有很大关系的。

想让员工忠心、让员工敬业，让他们拼命工作，却又舍不得付出，不懂得加大力度去拉拢，怎么可能会如自己所愿呢？只有与员工构建合理的经济契约关系，才能从本源上激发其欲望、动力。

第三节　一手抓梦想，一手抓收入

一手抓梦想，一手抓收入，两手都要抓，两手都要硬，缺一不可，我们先来分享一个案例。

胖东来，一家神奇的企业。

国际连锁企业管理协会称："在河南省的三线城市，一家名为胖东来的商贸集团公司在当地市场占据绝对优势。在许昌、新乡这些地级市，只要胖东来进入的地方，连世界巨头沃尔玛、家乐福也难以立足。"

上海连锁经营研究所所长顾国建、中国连锁协会会长郭戈平参观完胖东来，深有感触，说："这绝对是中国最好的店。"

2008年，大连大商总裁在"郑州改革开放30周年商业企业高

第九章 分钱机制：激发员工无限动力

峰论坛"上说："今天我不想讲大连大商，就想讲讲胖东来现象。这么多年来，我没有见过像胖东来这么好的生意，你见过人排队吗？见过汽车排队吗？见过电动车排队吗？烈日炎炎下，妇女顶着太阳，打着遮阳伞，推着电动车排 15 分钟的队，前面出去一辆车，这边才能进去一辆车，人家就在这一棵树上'吊死'。汽车也是这样，一到周末整条街都封路，不管是许昌市，还是新乡市。前几年如此，现在还是如此，不服不行！"

这些行业协会或同行的评价没有夸大其词。

据称，胖东来一旦介入某项生意，竞争对手的生意就会变得举步维艰，异常难做。胖东来卖手机，其他手机商家都没法做；胖东来卖珠宝，其他珠宝商都在收缩战线，压缩规模；胖东来卖家电，连国美、苏宁之类的行业巨头都做不下去。

2005 年，胖东来从大本营许昌市到新乡市去发展。当时，河南省排名第一的商业企业是来自我国台湾省的丹尼斯，百亿元的年销售规模。在当地，紧随其后的是世纪联华，也是国内商业企业中的庞然大物。国际巨鳄沃尔玛也正筹备在新乡市开店。

在这样一个众路豪强云集的完全竞争市场扩张，在常人看来，显然不是什么明智之举。胖东来的缔造者于东来力排众议，"执意"进军许昌市。结果如何呢？胖东来在许昌市开业不到一年，丹尼斯关门大吉、另谋高就（搬到了别的地方，避开了胖东来）；世纪华联新乡店则直接委身卖给了胖东来；原计划进入许昌市的沃尔玛，在随后的 6 年内竟然一直处于筹备期，未见实质动作，直到现在都没开业。

欲望管理

正如大连大商总裁所说，有胖东来的地方，当地老百姓往往只认这个牌子。胖东来商圈经常是人山人海，人们打着遮阳伞，顶着烈日，推着电动车排队，视其他超市为无物，非要去胖东来不可。到了周末，汽车夹杂着各种非机动车，远远排起了长龙，这种现象，不管是在许昌市，还是在新乡市，长年如一日，年年如此，蔚为壮观。一个明显的反差是：同区域的其他超市门庭冷落，顾客甚至没有营业员多；而胖东来则是挤得门都进不去，就像东西不要钱似的。

人都有趋利性，普通百姓的选择看似从众，实则最理性、最现实。胖东来能让顾客追随如此，显然有两把刷子。

进入胖东来的店面，有什么不一样呢？最明显的是你所看到的营业员全都笑逐颜开，跟其他地方的营业员那种常见的职业性微笑不同的是：他们是发自内心的微笑，让顾客如沐春风，感觉很舒服。

胖东来的营业员称呼顾客没有不喊哥或姐的，看到抱孩子、提东西、上下楼梯的顾客，马上会有人出来相助。超市内部，做清洁工作的阿姨竟然跪在地上拿毛巾擦地，旁边还有一个人配合着拿扇子扇，两人有说有笑，高高兴兴地就把活给干了。有人问她们是店长这样要求的吗，回答说"不是"，那是为什么呢？她们的答案是——因为这样擦得干净！什么情况下，人才会以这样的态度来干活？只有在家里擦地的时候，才会如此上心，才会这样负责！

什么人会像胖东来的员工一样认真负责？家里人。所以说，企业主也好，团队带头人也好，最重要的工作就是带出一批像自己一样操心、一样负责的人。员工为什么为你的企业操心？因为这事和他有关系，和他自身的利益相关。不操心，自己的经济利益就没有

第九章 分钱机制：激发员工无限动力

保障，甚至会被切断；操心了，企业好了，自己也就好了，也就得到实惠了。这就是胖东来的管理逻辑，让员工切实得到实惠。胖东来员工的收入相当可观。

作为同行，大连大商总经理的年薪是多少，通常是 28 万元，最高也不会超过 50 万元。胖东来一个店长的年薪是多少？100 万元！是大连大商总经理年薪的三四倍。这还只是店长的收入，我们再看看胖东来其他管理人员的收入：副总经理、总监级别，年收入 50 万~80 万元；处长（比如生鲜处、百货处、采购处等的处长），年收入 30 万~50 万元；课长（管理 5~20 个人），年收入 10 万~30 万元。

胖东来课长的收入都赶上大连大商总经理的收入了。这意味着什么？意味着胖东来不仅有企业主、店长在为企业操心，还有数十位、上百位拿着相当于同行总经理收入甚至更高的课长、处长、总监、副总经理在为企业操心。这种操心，绝对是发自内心的，他们希望企业做好做大的心情甚至比企业主都迫切。一旦企业亏损甚至倒闭，他们的收入就得不到保障，乃至会失业。失业了，再想找同等收入的工作，难于登天。

在胖东来，一个清洁女工能拿多少钱？2200 元，三险一金。当地这个职位的报酬一般是 600~800 元，这也就不难解释胖东来要招 50 名清洁女工竟然有 5000 人应聘的罕见景象，都快赶上公务员招聘了。

在很多企业，一些中高层管理人员通常会由于上升空间的问题要么跳槽、要么选择创业。胖东来的高管们会这样选择吗？胖东来一个高管干 10 年就是一个千万富翁。你说他们还会胡思乱想吗？就

欲望管理

是处长、课长这些级别的员工干两三年就是百万富翁,处长助理以上全部配有汽车。

胖东来还有一些在他人看来很奇葩的规定:所有中高层管理者,每周只许工作40小时,严格遵循8小时工作制。我们知道,商业企业最忙的是晚上和周末,还有节假日,胖东来却反其道而行之,规定员工6点下班必须离开企业,谁要是出现在公司,一次罚款5000元;下班后必须关闭手机,接通一次罚款200元。胖东来还规定,每周必须跟父母吃一次饭,每月必须带着家人出去旅游一次,每年强制休假20天。重赏之下必有勇夫,胖东来的高薪机制,造就了一批新时代企业"勇者",他们就像是企业主一样为企业操心。

工资最高的时候成本最低,这个道理很多企业家可能也懂,但未必敢实施。河南万德隆就想复制胖东来的模式,结果差距越来越大,为什么呢?因为胖东来最核心的工资制度,他们不敢接轨。后来,万德隆的王献忠亲自登门找于东来指点迷津。于东来欣然同意,只是提了两个条件:①你们的企业我代管一年,我要当董事长兼总经理,你们全都退位,我制订的任何管理规章制度都不许改;②如果这一年出现亏损,亏多少钱,我赔多少钱。王献忠答应了于东来的条件。

于东来第一站到了南阳万德隆,他取代王献忠的位置,召集中高层会议,大家翘首期盼的企业改组人竟然穿着大裤衩、大汗衫来开会。不过,于东来的第一句话就把与会者镇住了,他说:"你们老王让我给大家涨工资来了。"于东来所言的涨工资,绝对是真材实料:理货员工资上涨70%;中层管理者工资上涨150%;店长工资上涨

第九章 分钱机制：激发员工无限动力

200%。于东来去的时候还带了一张200万元的支票，给20个店长每人配了一辆车。规定：第一，只要干够6年，6年以后走人可以把车带走，6年以内走人把车留下；第二，取消万德隆所有的罚款制度。然后，于东来宣布散会。

散会后，员工"疯了"，兴奋的"疯了"。财务总监也"疯了"，因为她是王献忠的妹妹。王献忠听说后也"疯了"，后来想起当初两人的约定，想起反正赔的钱算于东来的，也就不管了，由他去折腾。

结果如何呢？万德隆当月销售业绩提升40%；一年下来，企业利润1000万元，提升25%。谁也没有预料到这个结果，谁也没有预料到重赏之下的员工有如此巨大的潜力。

韦尔奇说，工资最高的时候成本最低。作为企业管理者，不仅要考虑会计成本，还要考虑机会成本，考虑人的成本。比如说，胖东来一个店10000平方米，有100多名员工，上架10000种商品，年销售额是2000万。如果店长年薪10万元，在南阳市算高工资，他一定会认认真真履行职责，踏实工作，但他会不会很甘心？会不会想跳槽、想创业呢？如果这个时候有人给他15万元的年薪"挖"他，他可能会动心，但不一定会走；如果对方将价码开到20万元、30万元呢？他可能就心动而且行动了。但是，于东来直接给店长100万元的年薪，店长心想：如此对我，只有当作自己的事业去做了。他就会全力以赴，就会潜心研究如何调动100名员工的积极性；潜心研究10000种商品的销售数据；就会研究各种商品的缺货、补货及促销等问题。他的状态就完全不一样了。一个认真负责的人跟一个全力以赴的人相比，其工作成效绝对不可同日而语。所以，工资

201

最高的时候成本最低。

通过胖东来的案例，我总结了两点，如下所述。

第一，满足员工的基本物质需求，解除他们的后顾之忧，让他们能够体面地生活，他们就不再把心思放在找工作上了，就会安心工作，这就是安心机制。

第二，让一部分员工先富起来，把核心层变成小合伙人，他们就把心思放在创业上了，就会为企业操心，这就是操心机制。

企业管理者在抓梦想的时候，也不要忽略了收入。我在图书馆翻阅了这样一篇论文——《提高劳动者工资损害公司价值吗？》，该论文以1999—2009年国内A股上市公司为样本，考察了劳动者工资对企业绩效的影响。结果表明：劳动者工资越高，则企业的市场价值越高，而且未来业绩越有可能上升。

给员工高收入，不仅能有效降低成本，满足其物质上的需求和欲望，还能提高其忠诚度。

海底捞有个说法，叫"嫁妆"。一个店长离职，只要任职超过一年以上，给8万元的"嫁妆"，就算是这个人被竞争对手"挖"走了，也给。海底捞创始人张勇对此的解释是：因为在海底捞工作太累，能干到店长以上，都对海底捞有贡献，应该补偿。他说，如果是小区经理（大概管5家分店左右）走人，给20万元；大区经理走，送一家火锅店，大概价值800万元。海底捞至今十几年的历史，店长以上的高管有上百人，从海底捞拿走"嫁妆"的只有3个人。这种承诺，如何不让员工有忠诚度？

第四节　完善价值评价和价值分配体系

"我要为大众生产出一种机动车……这种机动车的价格非常低，以至于每个有一定收入的人都买得起……当我如愿以偿之后，每个人都能买得起汽车，都将拥有汽车。在我们的大路上，将再也见不到马的踪影，汽车将会司空见惯。我们将给很多很多的人提供福利和待遇不错的工作。"

以上是100年前亨利·福特许下的公司愿景，我从中读到了这样两个信息：第一，福特公司生产的汽车价格非常低，每个有正常收入的人都买得起；第二，福特公司将给很多很多的人提供福利和待遇不错的工作。也就是说，不仅是其他社会大众，福特公司的员工包括最普通的一线工人通过努力工作也能享用到自己的工作成果。

但是，我们现在会看到这样的现象：房地产企业的员工买不起自己开发的房子，汽车企业的员工买不起自己生产的汽车……这些现象，对员工而言是一种悲哀，对企业而言是一种耻辱。这种情况下，任凭你的企业愿景再远大，对于员工而言也是没有任何意义的，这样的企业也不是令人尊重的企业。因为员工无法从企业发展中获得红利，企业不能给员工带来看得见的实惠。

有担当的企业管理者，格局宏阔，心系员工，有这种见识和魄力的企业管理者并不少见。

"要让员工收入的增速超过企业的发展速度，更多地分享企业的发展成果。"这句常挂在红豆集团总裁周海江嘴边的话也折射出了红豆集团的一贯追求：做一个有责任感的企业，和员工结成物质利益共同体、精神利益共同体和事业共同体。

周海江曾说："涨工资短期增加了企业成本，长期绝对是利好！"的确，从2007年开始，红豆集团每年都涨工资，幅度至少在15%。对于一个有着22000多名员工的大型企业集团来说，工资的成本自然也水涨船高，但企业不仅没有受其所累，反而加快了发展脚步，年利润增幅超过20%。为何企业活力和后劲十足？因为红豆集团员工的收入增长和企业的发展已经形成良性互动。

要真正做到让所有员工公平分享企业成长带来的成果，不能依靠企业主和管理者们的一时兴起、一时头脑发热，必须有一套规范的利益分配机制来约束调节。利益分配机制是一家公司的核心机制，要由企业主和中高层管理者来商定。在制订分配机制之前，相关参与人员务必要弄清楚以下几个问题。

第一个问题，企业的价值是什么？

第二个问题，谁为企业创造了价值？只有价值的创造者才有权利分享企业价值。

第三个问题，如何对企业价值做出评估？评估原则要能够反映企业的价值导向和发展战略。换句话说，它会决定企业内部价值创造者应该往哪个方向努力。

第四个问题，如何分配企业价值？分配的基本原则是——要兼顾外部公平、内部公平、自我公平。

只有处理好上述这4个问题，才能真正发挥利益分配机制的激励作用。

企业主是火柴，员工是汽油，当火柴遇见汽油才会爆发能量。下面，我们就介绍几种能充分激发员工正能量的利益分配机制。

一、增加式分配机制

1. 困境：企业业绩徘徊不前，很难提升，企业主干着急，员工不上心。

2. 原理：员工付出正常努力只能获得正常收入，如果付出超常努力则可获得超额回报。

3. 实操：设定一个任务基数，超出基数的部分按一定比例提取给当事人。

4. 备注：① 分给员工的部分占超出部分纯利润的比例越高，越能激发员工的积极性和干劲；② 最好是每天分配，当然是财务记录层面的；③ 此机制适合所有企业；④ 企业主必须心胸开阔，要有大格局，敢于分钱。

二、减少式分配机制

1. 困境：企业运营成本居高不下，每个人只关心自己的一亩三分地，企业上上下下所有人的责任心都缺位。

2. 原理：用分配机制来提升运营效率、降低成本。企业里面，缺的不是人才，而是出人才的机制。

3. 实操：① 设定一个成本基数，将每月成本降低的部分拿出一定比例分配给当事人；② 就某一部门、某一项目组定下一个人员基数，让其内部优胜劣汰；③ 对于初创公司而言，最好设定一个收支平衡的时间表，然后把少亏损的部分按一定的比例分配给团队。

4. 备注：① 成本降低的部分应该拿出至少一半用来激励员工；② 此机制适合所有企业、团队。

三、彩票式分配机制

彩票为什么这么火？因为可以以小搏大，四两拨千斤；兑奖方式简单；及时兑现。

1. 困境：优秀的员工得不到对等的待遇，找不到优秀的感觉，人才被埋没。

2. 原理：让优秀成为一种资本，可一次获得超常回报，激励员工不断追求卓越。

3. 实操：① 设置业绩标准，对当月业绩排名第一的员工给予一个超常大奖；② 每月公开评选出技术或服务领域的第一名，给予重奖；③ 设立"金点子"制度——即在成本控制、流程再造、技术创新等方面设立大奖，对建议、发明主体，经过企业专家组审核评估后，将由此建议、发明产生的利润提取一定比例奖励当事人。

4. 备注：① 所设立的奖项必须足够诱人，能让员工燃烧激情，为此一搏；② 奖励要及时兑现；③ 此机制适合所有企业。

四、按揭式分配机制

1. 困境：优秀员工在独当一面之前或是在被重用之前很容易离职。

2. 原理：用未来的筹码来换取员工今天的努力，留住人才，互惠双赢。

3. 实操：① 给相应级别（或做出一定贡献）的员工提供车辆和住房，只要员工为企业服务满一定期限（5年或10年），企业就将房、车所有权移交给员工个人；② 在企业工作满一定年限后，可以额外多得相应数额的薪金；③ 在企业服务一定年限后且能独当一面，可许诺给予相应数额的股份，或者让其管理分公司、分店。

在我看来，员工在承受冤枉、委屈的时候，在为个人欲望（目标）、企业梦想负重前行的时候，要让升职赚钱成为他们在此征程中的副产品，成为企业给他们的保障、福利。

第十章

晋升机制：人人都有上升通道

- 就企业而言，在员工培训上越大方，对员工就越有吸引力，越能发挥人力资源的高增值性，从而为企业创造更多的效益。
- 传统的晋升模式多是管理通道的晋升，机会有限，很难满足大部分员工渴望上升通道的欲望。
- 职业生涯规划对于高欲望员工的意义在于使他们对自己的未来职业走向能有一个相对清晰的认知，弱化危机感和不安全感。
- 有了合伙人，才能有同盟军，有共同前行的伙伴，一起"出生入死"，一起"爬雪山、过草地"。当然，作为回报，也要让合伙人享受到对等的收益。

导读

第一节　培训和成长的机会
第二节　多通道晋升机制的魅力
第三节　高欲望员工的职业生涯规划
第四节　建立终身合伙人事业制

第一节　培训和成长的机会

工欲善其事，必先利其器。员工业绩的达成有赖于相应的工作能力、工作方法和职业素养，培训能有效提高欲望型员工的胜任能力，还能增强员工对企业的归属感和主人翁意识。就企业而言，在员工培训上越大方，对员工就越有吸引力，越能发挥人力资源的高增值性，从而为企业创造更多的效益。据百事可乐公司对其深圳分公司270名员工进行的一次调查显示，这些员工几乎全部参加过培训。其中，80%的员工对自己从事的工作表示满意，87%的员工愿意继续留在公司工作。

培训能促进企业与员工、管理层与员工层的双向沟通，增强企业的向心力和凝聚力，塑造健康向上的企业文化，培养员工的敬业精神、革新精神。

欲望管理

培训能提高员工的综合素质,进而提高企业的生产效率和服务水平,树立良好的企业形象,增强企业的赢利能力。

培训能使企业适应市场变化、增强竞争优势,可以培养企业的后备力量,保持企业永续经营的生命力,是提高企业"造血功能"的根本途径。

…………

美国某权威机构监测,培训的投资回报率一般在 33% 左右。比如,摩托罗拉公司向全体雇员提供每年至少 40 小时的培训。调查表明:摩托罗拉公司每 1 美元培训费用可以在 3 年以内实现 40 美元的生产效益。摩托罗拉公司认为,素质良好的公司雇员已通过技术革新和节约操作为公司创造了 40 亿美元的财富。摩托罗拉公司的巨额培训收益说明了培训投资对企业的重要性,这是一项稳赚不赔的投资。

培训是一项投资回报极高的活动,但也是一个长期投资的过程。培训是一个系统工程,需要很多基础条件去支撑,并不是简单地请几个专家或进行几次培训就能实现的,企业必须组建专门的培训部门,建立标准的培训流程。当然,有条件的话还可以适当地请外部的专业人士来指导一下。

培训的形式是多样的。必须在不同场合及不同层次对员工进行相关培训,保持培训工作的持续性,包括内部工作交流会等都可以作为企业内部培训的平台。

落实员工培训需要做到"培训三化",即"点化""消化""转化"。所谓"点化",就是培训老师要在课堂上将最新的知识、理念和方法,想方设法通过自己的感受在课堂上表达出来,以引起员工的共鸣。接下来，员工就需要将课堂学到的东西慢慢地进行"消化"，经过"吸收""消化"后，才能"转化"为自己的工作能力。而这个"消化"和"转化"的过程必须通过具体的工作实践来实现。

培训的目的在于提升员工的胜任素养。具体到员工培训的方法论，没有固定的模式可循，除了员工根据自身情况自发进行的学习、"充电"外；作为企业管理者，可以通过调动组织力量来实施的提升员工胜任能力的培训方法主要有这么4种，如下所述。

1. 课堂讲授法。也称为课堂演讲法，即由讲师对员工用讲授形式传播知识的方法。这种方法的主导者是讲师，是一种单向沟通，适用于知识性培训。采用这种方法时，要特别考虑的是如何使员工产生强烈的学习兴趣，专心听课。这就要求讲师对课题有深刻的研究，并且对员工的知识、兴趣及经历有所了解。授课的过程中，要注意保留适当的时间与员工进行沟通，用问答的形式获取员工对讲授内容的反馈。该方法的优缺点如表10-1所示。

表10-1　课堂讲授法优缺点分析

优　点	缺　点
·传授内容多 ·员工平均培训费用较低 ·对培训环境要求不高 ·能够最大限度地发挥讲师的水平	·由于传授内容多，员工难以"吸收""消化" ·单向灌输，员工与讲师之间及员工之间互动交流的机会少 ·容易导致理论与实践脱节 ·不能满足每名员工的不同需求 ·课堂气氛枯燥 ·讲师水平直接影响培训效果

2. 实践培训法。实践培训法经常用于操作类新员工的培训，或者是引入新设备、新技术时的员工培训，它将听、看、干有机地结合在一起，它的操作步骤通常有6步。

第一步，制订课程计划。

第二步，课堂讲授理论知识。

第三步，到工作现场实地观察老员工的操作要领。

第四步，培训师进行操作示范。

第五步，让员工模仿操作。

第六步，指导与纠偏。

实践培训法的优缺点如表10-2所示。

表10-2　实践培训法优缺点分析

优　点	缺　点
·培训实效性强 ·员工参与性强，有利于提高员工的学习积极性 ·可以在短期内满足企业对操作类人才的培训需求	·对培训师的操作技能要求高 ·占用生产场地，很可能会影响正常生产

3. 个别指导法。个别指导法其实是实践培训法的一种特殊形式，它的特点是一对一的现场个别指导，又称为师徒式培训。这种方法通常是新员工跟在有经验的老员工或管理者后面，一边看、一边问、一边做帮手来学习工作程序。该方法的实施步骤有4步，如下所述。

第一步，制订工作任务表与工作细则，确定培训目标，让员工做好准备，挑选培训员。

第二步，培训员以工作细则为基准，与员工一起讨论工作中应该做些什么，然后讲解工作应该怎样做，接着就工作步骤与方法进行示范。

第三步，员工对工作熟悉后开始独立操作，培训员在一旁做适当辅导，对准确动作予以肯定与赞扬，为需要改进的动作提出建议。

第四步，员工独立工作后，培训员仍将继续对员工进行观察，并且提供明确的支持与反馈，使员工对培训保持一种积极的态度。

个别指导法的优缺点如表10-3所示。

表10-3　个别指导法优缺点分析

优　点	缺　点
·员工避免了盲目摸索的过程，能很快适应工作要求 ·员工能够很快适应企业文化，融入团队 ·有利于刚毕业的员工消除紧张感 ·有利于从老员工身上学到丰富的经验	·培训员可能对技术和经验"留一手"，导致员工学不到真正的技术 ·培训员不良的工作习惯会影响员工 ·不利于员工的工作创新

4. 案例研讨法。这一方法源于哈佛大学的MBA教学实践。在实施时，培训师要事先对员工的情况进行深入了解，确定培训目标，针对目标编写案例或选用现成的案例，这些案例一般都是工作中的背景材料，而且是没有标准答案的。案例一般用书面、投影或短片的形式展示给员工。培训中，先安排员工研读案例，引导他们产生身临其境的感觉，使他们如同当事人一样去思考和解决问题。一般

适用于中层以上管理者的培训，目的是训练他们具有良好的决策能力，帮助他们学习如何在紧急状况下处理各类事件。案例讨论法的实施步骤有4步，如下所述。

第一步，发生了什么问题。

第二步，问题因何引起。

第三步，如何解决问题。

第四步，采取什么对策。尽可能多地提出解决方案，并且选择出满意的解决方案。

案例研讨法的优缺点如表10-4所示。

表10-4　案例研讨法优缺点分析

优　点	缺　点
·员工参与性强 ·有利于提高员工思考和解决实际问题的能力 ·培训方式生动具体，有利于激发员工的学习积极性 ·有利于员工双向交流	·案例准备时间长、要求高 ·培训时间较长，对员工的能力有一定要求 ·对培训师的要求很高

第二节 多通道晋升机制的魅力

传统的晋升模式多是管理通道的晋升，机会有限，很难满足大部分员工渴望上升通道的欲望。

多通道晋升机制，则是在单一的行政等级晋升这一条职位发展通道上衍生出来的具有多种非行政等级晋升通道的机制，如技术通道、内部顾问通道等。多通道晋升机制能够满足不同个性员工的需求，更为人性化。

华为是多通道晋升机制的践行者，它在借鉴英国企业模式的基础上，设计了著名的"五级双通道"模式。

首先，梳理出管理和专业两个基本上升通道，再按照职位划分的原则将专业通道进行细分，衍生出技术、营销、服务与支持、采购、生产、财务、人力资源等子通道。这些专业通道的纵向再划分出5个职业能力等级阶梯，如技术通道就由助理工程师、工程师、高级工程师、技术专家、资深技术专家五大台阶构成，而管理通道是从三级开始，分为监督者（三级）、管理者（四级）和领导者（五级）。在这个多通道模型中，所有员工都至少拥有两条职业发展通道。以技术岗人员为例，在获得二级技术资格之后，根据自身特长和意愿，既可以选择管理通道发展，也可以选择技术通道发展。如果技术特点突出，但领导或管理能力相对欠缺的话，就可以选择在技术通道上继续发展，一旦成长为资深技术专家，即使不担任管理职位，也可以享受公司副总裁级别的薪酬与职业地位，企业也得以充分保留一批具有丰富经验的技术人才。很多员工还可以选择两个通道分别进行认证，企业采取"就高不就低"的原则来确定员工的待遇。

华为的这种办法，对员工而言，根据自身特长和意愿，既可以选择管理通道发展，也可以选择与自己业务相关的专业通道发展，从而妥善解决了一般企业中"自古华山一条路（升到管理岗位），万众一心奔仕途"的问题。

表10-5是阿里巴巴的晋升级别描述，跟华为有些相似，也是专业通道和管理通道两条通道。其中，专业通道层级更多一些，有10级，管理通道只有5个层级。这样，员工就可以根据自己的实际情况和喜好往更适合自己的方向发展，使得那些专业技术人员更有归属感，不至于工作到一定年限再难有上升空间（更重要的是待遇上的提升），从而失去进取心甚至离职。

表 10-5　阿里巴巴的晋升级别表

技术通道		管理通道	
级别	职位名称	级别	职位名称
P1, P2	一般空缺，为非常低端岗位预留		
P3	助理		
P4	初级专员		
P5	高级工程师		
P6	资深工程师	M1	主管
P7	技术专家	M2	经理
P8	高级专家	M3	高级经理
P9	资深专家	M4	（核心）总监
P10	研究员	M5	高级总监

除了以上两个通道外，阿里巴巴还有一项吸引员工的秘密武器——"合伙人制度"。

"合伙人制度"为阿里巴巴的员工提供了更加有效的上升通道。其每年选举的规定使合伙人不至于断代；须有75%以上的人同意方能成为新合伙人，有效地避免原有合伙人同新晋合伙人可能存在的冲突；合伙人人数不设上限，为管理层的员工提供更多的上升通道选择，激发其工作热情……这些都能为阿里巴巴带来许多潜在的效益。

阿里巴巴目前的29位合伙人中，超过五分之一的人为程序员出身，从身列"十八罗汉"的吴咏铭到2005年加入阿里巴巴的后来者程立，都有着极为深厚的技术背景。谁说这不是程序员未来发展的又一条道路呢？

欲望管理

无论阿里巴巴是否能实现"活到102岁"的目标,但这种上升通道层面的制度创新,其意义要比单纯的企业发展更深远。

多通道的上升机制需要相应的薪酬待遇来支撑。通常,晋升往往意味着加薪,这是对管理通道的晋升而言的。我们也经常看到一些企业的管理人员和普通员工悬殊的收入差距,至于一些大型知名企业的高管,其收入更是让普通员工望尘莫及。对于专业通道的晋升,如果只是给了员工一个虚头巴脑的名头,而没有看得见摸得着的实惠的话,很难对员工产生吸引力。

阿里巴巴是怎么处理这个问题的呢?通过表10-6我们可以看到,在阿里巴巴,不论是专业技术岗还是管理岗,只要达到一定层级,就可以获得相应的收入。注意,技术岗和管理岗的收入是一样的。比如,阿里巴巴的高级专家和高级经理,分属P8/M3级别,那么,他们对等的收入都在年薪45万~80万元之间,外加相应的股票期权。这样的晋升机制才有吸引力。

表10-6　阿里巴巴部分职、薪对照

级别	薪资	股票(4年拿完)
P5	15万~25万元	无
P6/M1	20万~35万元	无
P7/M2	30万~50万元	2400股
P8/M3	45万~80万元	6400股
P9/M4	80万~100万元	16000股

在海底捞,每个新来的员工都有3条晋升途径可以选择。

第一条，管理线：新员工→合格员工→一线员工→优秀员工→领班→大堂经理→店长→区域经理→大区经理。

第二条，技术线：新员工→合格员工→一级员工→先进员工→标兵员工→劳模员工→功勋员工。

第三条，后勤线：新员工→合格员工→一级员工→先进员工→办公室人员或出纳→会计、采购及技术部岗位、开发部岗位等。

在这家知名餐饮企业，学历和工龄都不再是员工晋升的必要条件。这种不拘一格选人才的晋升制度，不仅让海底捞大部分农村出身、没上过大学的年轻员工有了尊严，还让他们相信：只要努力，人生就有希望。袁华强就是一个很好的榜样。高中毕业后，19岁的袁华强走出农村老家，去海底捞打工，最初的职位是门童，现在是北京和上海地区的总经理。他说："只要正直、勤奋、诚实，每个海底捞的员工都能够复制我的经历。"

对于那些没有管理才能的员工而言，通过任劳任怨的苦干，通过脚踏实地的工作，在海底捞也可以得到认可，也可以得到可观的物质回报。比如，做到功勋员工，其工资收入就会和店长不相上下。

海底捞这些举措极大满足了员工的晋升欲望和渴望提高收入的欲望，进而增强了员工的归属感。

第三节　高欲望员工的职业生涯规划

职业生涯规划对于高欲望员工的意义在于使他们对自己的未来职业走向能有一个相对清晰的认识，进而为了实现自己的职业目标尽可能地抓住眼前的机会努力工作，弱化危机感和不安全感。而且，对企业来讲，帮助员工规划职业生涯能使企业更清楚自身所拥有的人才，对内部人才库的建立能产生巨大的帮助。例如，联想集团董事长柳传志曾用 8 年的时间栽培杨元庆等人，才能使联想集团多年来保持活力及业绩不断成长。

现实中，我不止一次听到类似的话语——"我们为员工提供优厚的薪资及人性化的福利和待遇……在我们这样一家注重企业文化和员工职业规划的组织，相信您一定能得到持续的发展"，这样的话语经常出现在企业的招聘广告中。然而，职场中更多的人是通过不断跳槽来完成职业生涯规划的。企业所宣传的为员工进行良好的职业生涯规划，在当下的企业中是否真的难以实现？在我看来，目前大多数的企业宣称的所谓员工职业生涯规划只不过是一场"秀"，对外宣传形象而已，甚至有"炒作"之嫌。

作为企业管理者，在员工职业生涯规划这一问题上又该有何作为呢？下面，我们简要阐述一下。

一、职业生涯规划的前提

并不是所有的企业都适合为员工做职业生涯规划，特别是一些劳动密集型的制造业企业不适合为员工做职业生涯规划。另外，一些小规模的企业也暂可不必进行员工职业生涯规划，因为其更需要时间将企业的目标完成及将企业扩大。那么，什么样的企业为员工进行职业生涯规划效果更好呢？

全球职业生涯规划师（GCDF）、锐旗人力银行运营总监刘湘勇认为，企业实施员工职业生涯规划管理必须同时具备3个前提条件。

第一，企业必须有明确的发展方向和发展战略。企业在不断地成长，有长期的发展计划，能够为员工提供不断发展的机会。如果企业无法为员工提供足够的发展空间，谈及员工职业生涯规划显然时机并不成熟。

第二，以人为本的企业文化。有的企业在发展中只重视绩效，使员工长期处于紧张的工作压力中，不会用关爱解决员工的后顾之忧，导致员工对企业的价值观没有认同感，更谈不上在企业内进行长远的职业生涯规划。还有的企业信奉"独裁是最有效率的管理方式",员工在工作中更多的是执行上司的某个命令,无法发挥其主观能动性。显然,这类企业也是不会将员工的职业生涯规划提上议事日程的。

第三,员工明确企业发展方向并愿意统合发展。员工职业生涯规划追求的是将企业的战略需求和员工的个人追求系统地结合起来,员工是否明晰企业的发展方向并愿意就此达成一致意见,可以说是激发员工的归属感和使命感的关键,当然也是员工职业生涯规划的一个重要前提条件。

员工职业生涯规划必须在以上3个前提条件具备的情况下才能开展。

二、职业生涯规划不等于晋升

一提到职业生涯规划,很多人往往想到的就是晋升。也正因为如此,很多中基层企业管理者不愿意为员工的职业生涯规划出谋划策,一来,他们担心下属会抢了自己的"饭碗";二来,自己手里也没有足够的管理职位给下属。这显然是对员工职业生涯规划认识上的误区之一。有一家咨询公司曾就职业生涯规划问题对一些职场人士进行了问卷调查,问卷调查中涉及了这样两个问题,如下所述。

第一个问题,你认为企业需要对员工的个人职业生涯规划提供帮助吗?该问题可供选择的答案有:A.非常需要;B.需要;C.是个人的事,不需要企业帮助;D.不好说

从有效问卷的答案看,有很大一部分人(35.5%)选择了"非常需要";另有60.8%的被访者选择了"需要",这两项加起来的比重几

近 100%。也就是说，在几乎所有员工看来，企业及管理者都应在职业生涯规划上给他们以指导和帮助。

第二个问题，员工最看重企业给他们的职业生涯规划提供什么样的帮助呢？可供选择的答案有：A. 帮助员工制订个人生涯计划；B. 给员工提供培训机会；C. 为员工提供轮岗机会；D. 为员工提供晋升机会；E. 其他。

调查结果显示，有半数的被调查者最为看重的是企业提供的培训机会，而最看重提供晋升机会的人仅占 17.4%。这个结果显然并不像一些管理者想象的那样，管理者显然也没有必要过分担心因为晋升困境带来的压力。

其实，职业生涯规划不仅仅是晋升，所有旨在提高员工职业发展能力、提高员工可雇性的措施（如岗位轮换）都可以称之为职业生涯规划。

实际上，规范员工职业发展方式的第一步是进行企业内部岗位序列的划分。岗位序列通常可以划分为主序列和子序列两种。

所谓主序列，是指几个专业知识相近的序列之和，包括管理主序列、职能支持主序列、业务支持主序列、技术主序列、营销主序列、操作主序列。而子序列是指一个专业类别，如职能支持主序列中的财务管理子序列、人力资源子序列、信息管理子序列、企业管理子序列等。

三、为员工量身定做职业生涯规划

首先，我们需要根据员工的个人情况为他们量身定制短期、中期和长期目标。具体应根据员工的综合素质、工作表现、期望值等因素给他们设定相应的阶段性工作目标。为员工设定的目标不宜过高，否则会让他们产生畏惧、退缩心理。当然，目标也不宜设得过低，如果目标太容易达成，就会让员工失去继续努力的动力和斗志，甚至会滋生他们的骄傲自满情绪。归根结底一句话，目标的设置应该合理，应该在充分了解员工的基础上设定出切实可行的目标。

其次，要为员工做好职业生涯规划，应该培养员工树立起进行职业生涯规划的意识。起初，可以先让员工自己为自己做职业生涯规划。他们做出的规划也许不够成熟、不够完善，但却更能说明他们的期望和向往，这种发自内心的期待对他们的工作更有指导意义。对于员工制订的职业规划上的欠缺与不足，作为上级，应该给予相应的帮助，帮助员工做好调整，乃至重新规划。在帮助员工的过程中，仍然不能脱离员工的具体情况，应根据员工的个人素质、特长、爱好、技能、工作表现甚至人生观、价值观来为员工进行职业生涯规划的调整与完善。为员工做职业生涯规划还需要考虑到本部门及企业的现实因素，这样做出来的职业生涯规划才更符合员工的实际情况，也更具有可操作性。

职业生涯规划不是一成不变的，它需要根据员工的情况及周围环境的变化不断进行调整，以适应新形势的要求。需要注意的是，这种调整的幅度不宜过大，否则，职业生涯规划也就失去了其意义。

最后，还有至关重要的一点，那就是职业生涯规划必须得到员工的认同。道理很简单，因为是为员工制订的职业生涯规划，如果连他们本人都不认可，那么基本上也没有实现的可能性。只有得到员工认可的个人职业生涯规划，才能激起员工行动的动力。

第十章 晋升机制：人人都有上升通道

企业管理者在帮助员工进行职业生涯规划的过程中，可以参考著名的惠普公司的做法。

例如，在惠普公司的科罗拉多泉城分公司，他们就有一种职业发展自我管理的课程，该课程主要包括两个部分：第一，通过各种测试工具及其他手段对员工进行个人特点的自我评估；第二，根据评估结果，再结合员工的具体工作环境，制订出他们的职业发展计划。该公司采取的测试工具包括6种，如下所述。

第一种，让员工撰写自传。自传内容包括员工曾接触过的人、居住的地方和生活中发生的事情、以往的工作经历及未来的计划等，这样就可以对员工背景有一个详细的了解。

第二种，兴趣考察，包括员工渴望从事的职业、喜欢的培训课程、喜欢与哪种类型的人交往等。

第三种，价值观研究。充分了解员工在专业、经济、审美、社会等方面的价值观。

第四种，工作日记。员工工作日记主要用来记录工作过程中出现各种事项与问题，以对员工进行侧面了解。

第五种，与自己生活中的两个重要人物面谈。也就是让员工与朋友、配偶、同学、同事和亲属畅谈自己的想法。

第六种，生活方式描述。即员工要通过语言、照片等方式，向他人展示自己的生活方式。

对于上述测评工具给出的结果，管理者需逐一进行耐心细致的了解，并且在此基础上去分析总结员工目前的任职情况。得出的这些信息还要提供给高层管理者，以供他们制订公司总体的人力资源规划。

第四节　建立终身合伙人事业制

高盛是世界级的顶级投行，高盛上百年屹立不倒、叱咤世界的法宝之一称得上是其"一荣俱荣，一损俱损"的合伙人机制了。

高盛一度每两年举行一次合伙人选拔，这个选拔周期长达7个月，员工更是将之当作总统选举一样的盛事来对待。高盛遍布全球的3万余名员工都想成为1200名中层中的一员，而这1200人又个个想成为300名合伙人中的一名。300名合伙人不仅可以享受高达60万美元以上的年薪，还可以参与公司分红。

高盛的合伙人机制很好地保证了所有高盛员工一面努力赚钱，一面对共同利益进行高度监督。正如一名高级合伙人所说："没有人会去清洗一辆租来的车。成为合伙人的梦想是一种无与伦比的激励力量,也是吸引最优秀人才的巨大诱惑。"这就是合伙人机制带来的归属感,也是合伙人机制的核心优势所在。成为合伙人,意味着终身雇佣,意味着和公司紧密捆绑、利益共享、生死与共,既能分享公司收益,也要充分履行主人义务。

如今,以"利益共享"为核心的合伙人制度在国内也开始风生水起。

小米合伙人:让小米冲天而起的除了雷军的互联网思维,还有他的独特的人才秘诀——培养了一批事业合伙人!不需要KPI,组织扁平化,提高运营效率!

华为合伙人:华为成功的秘诀之一——实行合伙人管理模式超过10年,8.6万名核心人才成为公司事业合伙人,2015年开始发展全球合伙人持有公司的虚拟股份。

万科合伙人:2014年,万科第一批1320名核心员工成为公司的事业合伙人。万科总裁郁亮称:"职业经理人制度已死,事业合伙人制度是必然趋势!"

合伙人制度的关键在于,以合伙人运营管理系统为核心,将所有核心骨干和高欲望型员工都视为企业事业的合伙人,每个人的价值贡献进行量化,用品牌分来衡量员工对企业的业绩贡献和文化贡献,建立合伙人品牌分账户,建立虚拟合伙人股份机制,对员工绩效实行数据化管理,员工与企业形成利益共同体、事业共同体、命运共同体,彻底解决员工打工心态问题,让员工为自己的合伙人事业奋斗。

有了合伙人,才能有同盟军,有共同前行的伙伴,一起出生入死。当然，作为回报，企业也要让合伙人享受到对等的收益。

合伙人管理模式必须将利益分配和福利待遇、晋升发展与合伙人品牌分账户挂钩，建立科学的价值创造和利益分配体系，将短期利益和长期利益（晋升、加薪、分红、虚拟股份激励等）结合起来，培养员工的合伙人精神，提升组织竞争力。

普遍意义上讲，建立合伙人机制，不仅仅能让员工告别打工心态，还能带来一连串的后续积极效应，如下所述。

1. 可提升组织执行力：通过合伙人品牌管理激励系统，能培养核心员工的事业心、主人翁精神，能使得企业制度和文化有效落地。让核心员工操心，必须让核心团队操心，才能让企业主放心。

2. 可明显提升员工忠诚度：极大提高员工忠诚度；提高工作效率，员工工作效率至少提升20%；减少冗员；挖掘员工的智慧；提升员工的奉献精神，人人都是事业的主人。

3. 大幅度提升企业利润：建立科学的价值创造体系和利益分配体系，激发员工不断提升业绩、提升收入，企业也能提升利润。

如果用等式来描述，那么，合伙人的意义如下所述。

核心骨干成为事业合伙人＝企业先锋队

核心骨干成为事业合伙人＝代表先进的文化、先进生产力及企业的利益

核心骨干成为事业合伙人＝企业的利润

如果有这样一项制度既能让员工受益，又能让企业成长，我相信没有哪个企业主或企业管理者不愿意看到这样的双赢局面。

对于合伙人机制，我简单介绍几种，如下所述。

1. 项目跟投合伙人。也就是常见的万科模式，分公司核心团队跟投项目，员工出资比例控制在5%，不同级别员工投资限额。这种模式属于临时投资型合伙人机制，项目结束，合伙人团队解散。所以，激励效果有限，容易造成员工的投机行为。

2. 干股分红合伙人。对于高级人才奖励合伙人股份，包括研发类骨干人才、销售类骨干人才、核心管理骨干人才等。这种操作模式只聚焦高层员工，对于中层员工和基础骨干员工的激励不足，失败率很高，激励效果有限。

3. 小湿股合伙人。公司分配一定额度的分红权，作为合伙人奖金池，让核心员工出资购买分红权，员工离开公司后合伙人股份自动失效。这种操作模式容易造成员工坐享其成、"搭便车"的后果，导致内部不公平的现象发生，激励效果有限，失败率最高。

4. 连锁加盟合伙人。例如，连锁药店或医院、连锁幼儿园、连锁服装店、连锁地产中介、连锁培训机构等就是这种模式。店长与核心骨干员工成为公司合伙人，公司为优秀的合伙人设立合伙人虚拟股份或创业基金，有利于公司留住人才及公司的业务扩张。

5. 品牌资源平台合伙人。分公司、事业部做合伙人变革，核心员工和管理团队成为事业合伙人，公司作为平台，提供品牌和资金支持，统一战略方向，合伙人与公司共担风险、共享利益。

6. 销售渠道合伙人。电商时代，必须让核心销售人才（如大区销售经理）作为公司区域合伙人取代大区代理商直接服务碎片垂直市场客户。让核心销售人才成为合伙人，让销售人才在公司平台上创业、成为小企业主，公司做大企业主。这是变革的必然趋势，能激发员工的动力,会让公司的业绩倍增。

7. 全员合伙人。这是目前最先进的合伙人操作模式之一,员工不必出资,但必须出力,采取如华为工分制的优化工具——品牌分衡量员工的业绩贡献和文化贡献,根据贡献品牌分奖励合伙人虚拟股份。适合中小型企业建立全面的激励系统,建立全员合伙人制度。

第十一章

控制员工的欲望：
有所敬畏，才能有所约束

· 平衡好管理者和员工的欲望，使其处于同一水平和节奏上。

· 对员工进行价值植入，给其戴上"紧箍咒"，避免使其成为只有欲望而没有规则意识的脱缰野马。

· 员工的成就欲望转化为实打实的工作成就才有意义，管理员工的欲望，最终要凭结果说话，要拿业绩来复命。

· 构建"人人要考核，事事要考核"的绩效机制，在企业内部创造一种"你追我赶"的竞争氛围。

· 要将人的欲望限制在制度、规则的范畴内，使其有所敬畏才能有所约束，而不至于失去控制。

导读

第一节 平衡管理者和员工的欲望
第二节 价值植入：给员工戴上"紧箍咒"
第三节 成王败寇，一切凭结果说话
第四节 人人都要有绩效考核标准
第五节 要敬畏制度，才能有所约束

第一节　平衡管理者和员工的欲望

企业管理者的欲望强烈程度和员工的欲望强烈程度通常不在一个节奏上,如果二者错位,需要通过相应的管理措施予以平衡。

一、当企业管理者成就欲望高于员工时

当企业管理者的成就欲望高于员工时,在管理实践中应该采用如下 4 种策略。

第一种策略,让员工明白自己的工作要求。较高的成就欲望对应着较高的工作目标、工作标准和工作要求,企业管理者需向员工清晰而准确地传递上述标准,使他们知悉,做好相应的心理准备。

第二种策略,耐心地向员工解释工作目标。让下属明白自己设

定目标的依据、决策机制、考核标准、奖励措施，一方面让员工明白高目标的挑战性，另一方面也要让他们看到达成目标后的收获，激励他们去挑战更高的目标。

第三种策略，渐进式地挑战员工的工作能力。高欲望型管理者需要高欲望型员工来配合自己的工作，要设法让员工适应自己的要求和节奏。这需要不断提升员工的成就欲望，而成就欲望的提升最终要依赖越来越强的工作能力来实现，因此，可以采取渐进式的方式来不断提升其工作能力的极限。具体来讲，可以按照由易到难的顺序来给员工安排工作，测试其完成度，不断总结经验、汲取教训，然后一步步增加工作难度，不断测试其完成情况，直到其能力极限，以此来渐进式地提升员工的工作能力。

第四种策略，区别管理。对员工的管理必须区别对待，不能"一刀切"，表11-1所示为对待不同员工的不同管理策略。

前文讲过，韦尔奇就非常善于员工的差异化管理，依工作表现将员工分为最顶尖的20%、中间的70%、垫底的10%。其中，20%的最顶尖的员工被界定为最好，要提薪或晋升；最后的10%为最差，如果成就欲望和工作能力始终提不上去，则要被淘汰出局。

表11-1　对待不同员工的不同管理策略

员工类型	管理策略
高欲望型员工（约占10%）	重点培养，帮其设计事业生涯规划
高绩效员工（约占20%~30%）	
业绩稳定型员工（约占40%~50%）	多关心，多指导，多培养，稳定人心
不胜任的员工（约占10%~20%）	调岗或淘汰

二、当员工成就欲望高于企业管理者时

首先，应判定员工欲望较高的具体情况。如果是员工欲望普遍高于管理者，管理者本人需要自我反思，检查自己的胜任度，设法提高自身成就需要，否则，职位很可能朝不保夕；如果是个别高欲望型员工的成就欲望高于管理者，则应酌情采取以下管理措施。

第一，做好授权。对高欲望员工委以重任，尽量安排其挑战性、独立性、非常规性的工作，以满足其成就欲望；同时，要设计好完善的监督、反馈机制，防止其越界。

第二，予以重点培养。作为团队的带头人，管理者要善于发现那些高欲望值、高潜力值的员工，予以重点培养，使之成为自己的左臂右膀，成为团队的中坚力量。必要的时候，可将其培养成自己的接班人，以便在恰当的时机让自己"脱身"，实现管理层级的跨越。培养接班人，绝不是可有可无的一件事情。事实上，接班人计划同样是考量管理者是否胜任的一个重要因素。没有完善的接班人计划，对管理者来说，不仅不利于领导力的提升，有时候还会直接影响到自己晋升到更高的领导层面。

宏碁有一项硬性的接班人制度：一个管理者要想晋升到更高一级岗位，首要前提是他必须从部门下属中挑选一个可以胜任的接班人。如果他的下属中没有一个能胜任他的岗位，那他就没有晋升的可能。在宏碁，包括一些中基层管理者在内的所有管理者，上任后不久都要填写"职务接班人计划"，要考虑好哪一个人可以接替自己，确定接替人选后就要开始用心培养这个人。

宏碁在对待接班人问题的看法上是有其深刻道理的。一个不会培养下属的企业管理者能不能让他顺利晋升？答案是"当然不能"。为什么？他晋升上去，他的部门怎么办？没有合适的接班人，就会导致部门管理工作停滞，严重的甚至会导致企业管理层产生断层现象。所以说，一个管理者要向上晋升，先决条件是他的团队中必须有能胜任工作的员工来接替他的岗位。

识别高欲望、高潜力型人才，可从以下3个层面予以考察。

第一个层面：动力层。这个层面考核的是员工的心态，目的是考量其工作态度是否积极主动，格局是否开阔，眼界是否具有前瞻性。高潜力型人才通常具有强烈的内驱力和成就欲望，能够自我激励，会设法应对工作中的困境和挑战，在完美完成岗位职责的同时实现自我提升。

第二个层面：能力层。心态是基础，能力是实现卓越的必备条件。在讲究团队合作的时代，具备出色沟通协调能力的员工更容易获得成功。而团队合作和团队精神，反过来又要求每一名团队成员需具备系统思考的系统思维，因为每个人都处在一个"牵一发而动全身"的组织、团队中，其中各种利益关系盘根错节，这就需要团队成员具备团队共同体精神，而不是将视角局限于一时一己的私利之上。"心态＋能力＋行动＝一时的成功"，要实现个人的持续优秀，则离不了学习力，持久的学习力将决定员工持久的生存力。

第三个层面：行为层。共启愿景、组织协调、激励人心、推动执行等考量标准都是从领导力的角度来衡量的，如果员工在具备上述两个层面特质的基础上还能表现出不凡的领导能力，则其未来发展不可限量，应当重点培养。

第二节 价值植入：给员工戴上"紧箍咒"

当前，"90后"甚至"00后"等新生代员工已经成为职场的主体，他们的经历、教育背景和所处的时代背景造成了这类员工不仅具有极强的个人欲望，同时也充满了个性。他们追求独立、追求自由、追求幸福、追求和谐的工作环境，这给现代企业的管理工作带来了挑战。

这样的背景下，在张扬新生代员工欲望的同时，也需要对他们进行价值植入，给其戴上"紧箍咒"，让他们认同企业的愿景、价值观，培养其使命感和责任感，不至于成为只有欲望而没有规则意识的脱缰野马。我们要充分相信价值观的力量，也要相信员工的自我调节能力，在共同的价值观的催化下，员工的个人欲望也能够得到合理的调节和束缚。

一、向员工描述企业愿景

愿景是所有企业成员永远为之奋斗希望达到的图景,它是一种意愿的表达,愿景概括了未来目标、使命及核心价值。

现在,大多企业管理者的脑海里几乎都装着企业未来的壮丽景象。但是,当中仍然有不少管理者或许把"好好干,公司不会亏待大家""公司好了,大家都会好"之类的空话讲了不少,企业愿景却讲得不多。要让员工努力奋斗,仅仅有这些激励的话语显然是不够的,管理者还应该致力于向员工传达企业的共同愿景。

管理者的愿景灌输能力是不同的,通过以下几个问题能够帮助你进行一下自我测试,如表11-2所示。

员工对企业的认同和归属感,主要来自于个人目标与企业目标的一致性。"请同道之人进入你的团队",这是管理学者吉姆·柯林斯认为的构建卓越企业的重要原则。如果企业愿景仅仅是管理者的愿景,如果企业家造的梦只是个人的梦,而与广大员工无关的话,那它的效果将会大打折扣。

一项调查显示,"将员工的工作目标与企业的愿景和商业追求相挂钩",对员工的归属感会产生最积极的影响。要做到这一点,管理者就需要帮助员工了解他们的工作与企业商业追求之间的联系。管理者需要确保个人或团队有清晰的发展方向和绩效目标,同时准确解释企业策略,让员工清晰地看到企业的发展全局,以及良好的未来前景,明确自己在企业发展过程中的角色和作用。

第十一章 控制员工的欲望：有所敬畏，才能有所约束

表 11-2　"造梦"能力自测

序号	题目	选项 A	选项 B	选项 C
1	你通常多长时间和员工谈论一次企业愿景	一周	一个月	一个月以上
2	有了企业总目标，你是否会设定阶段性目标	每次都设定	多数情况下设定	偶尔设定
3	你如何帮助下属提高工作效率	为他们设定明确的目标	为他们安排适当的任务	对他们加强培训
4	你通过何种方式为下属设定目标	与下属共同设定	由员工设定，你负责审核	由员工自己设定
5	你为员工设定什么样的目标	既有总目标，又有阶段性目标	只有阶段性目标	只有总目标
6	你如何认识目标	有挑战性，但通过努力可达成	难度不应过大	目标越高越好
7	你如何理解对下属进行目标激励的作用	引导和激励下属前进	能激发下属的潜能	让下属明确前进的方向
8	当下属面对比较大的目标时，你如何激励他达成这一目标	进行目标分解	一步步激励、鼓励他	许诺优厚的物质利益
9	当你的下属达成阶段性目标时，你如何激励他	兑现承诺	告诉他与最终目标的距离并给予鼓励	鼓励他再接再厉

表 11-2（续）

序号	题目	选项 A	选项 B	选项 C
10	当员工超额完成了目标，你如何激励他	把更重要的任务分配给他	将他树立为标杆和榜样	鼓励他继续超越自己
说明	选A得3分，选B得2分，选C得1分 总得分如果在24分以上，说明你的愿景激励能力很强，请继续保持和提升 总得分如果是15～23分，说明你的愿景激励能力一般，请努力提升 总得分如果在14分以下，说明你的愿景激励能力很差，提升空间很大			

二、让员工认同企业文化与价值观

一个不认同企业文化与价值观的员工，不可能融入团队，不可能为企业的长远发展全力以赴。

三、让员工参与到企业文化建设中去

企业文化不是一两句印在宣传画册里的口号，也不是挂在墙上的标语。员工不是从口号和标语去认识企业文化的，而是从管理者的所作所为去感知的。当然，如果想让员工对企业文化更加认同，进而对企业更有归属感，一个最好的办法是让他们参与到企业文化建设中去。

2006年5月，为创作出一首与特步追求的文化精神相契合的企业歌曲，特步出资请了专业作词家、作曲家谱写歌曲。后来发现，由于专家缺乏体验，创作出的词、曲与特步精神相去甚远。于是，特步在全公司征集一首属于"特步人"之歌的活动拉开了。

负责公司文化建设的人力资源部经理童莉苓说:"几乎每天都能收到数十首员工原创的歌词。有些歌词寥寥数语,却让人心潮澎湃,这才是20年特步的精髓所在。"于是,员工原创的歌词与专家的作品被隐去姓名并排放到了企业内刊《特步人》的首页上,供员工选稿投票。

民主、公平的投票方式引发了员工们的参与积极性。最后,在员工的积极参与下,歌词终于选出来了并得到了大多数员工的认可。

后来,特步总裁丁水波说:"我很欣慰,'特步人'不仅有才华,还饱含情感。"

四、让员工体会到工作的深层意义

如果员工只是为了中短期的目标、一时的工作业绩及名誉甚至是为了讨好、迎合上司,那么,他们或许会具备短期的工作欲望和激情,但不可能长久持续下去的。只有让员工意识到他们所从事工作的深层意义,才能让他们真正意识到自己的价值,进而永葆工作激情。

20世纪90年代中期,IBM曾想通过传统手段招聘人才,即通过说明在"蓝色巨人"中工作的诸多优势来吸引更多的大学毕业生加盟。但是,当时毕业生更感兴趣的是如日中天的网络公司,而且,即使有些人选择了IBM,大多也都很快离去,因为没有持续的工作激情。渐渐地,IBM意识到:要赢得合适候选人的注意,就必须从根本上反思自己的招聘流程。

讨论了若干次后,IBM负责招聘的团队着重强调"敬业"这个

欲望管理

观念，即回答"为什么要工作"的问题。该团队相信，这种做法会吸引具备张扬个性、冒险精神和首创意识的人，而这些人的这些品质对保持IBM文化长盛不衰至关重要。

于是，IBM的招聘活动围绕下面一系列问题展开。

1. 什么事情值得你去做？
2. 对你来说，工作意味着什么？
3. 工作仅仅是一份差使，还是你教育的延续？
4. 大众要不要紧？
5. 你的工作产生的影响力是否会持续？
6. 平衡生活又该如何做？
7. 它应该让你幸福吗？

事实证明，这一新措施获得了巨大的成功，它让IBM招聘网站的访问量增加了2000%；它让IBM在大学校园中的形象度改善了15%；工作邀请的接受度上升了20%……

这次招聘活动对IBM员工的影响同样深远，它不仅成为招聘新人的战斗号召，而且充分发掘出了IBM文化本身内部的巨大能量，增强了员工的凝聚力与忠诚度，并且让他们拥有了持续的工作欲望和工作激情。

第三节 成王败寇，一切凭结果说话

企业是一个典型的"成王败寇"的地方，企业管理工作也就必须以成败论英雄。所以，管理就必须用结果说话，管理者就必须对团队和下属的工作结果负责。管理实践中，我们经常见到很多人最怕的景象就是：整天兢兢业业、勤勤恳恳，两眼一睁忙到天黑，但却没有结果。员工的成就欲望必须要转化为实打实的工作成就才有意义，管理员工的欲望，最终要凭结果说话、要拿业绩来复命。

一、倡导结果导向的企业文化

任何企业的发展，只与其创造的结果及价值有关。简单来说：销售是任务，创造利润是结果；采购是任务，满足生产是结果；培训是任务，获得提升是结果；施工是任务，客户满意是结果；生产是任务，产品合格是结果；品质管理是任务，质量合格是结果；安全生产是任务，不出事故是结果；设备维修是任务，保证运转是结果；成本核算是任务，控制成本是结果。

在企业内倡导结果文化，对任何事情都以结果来衡量。没有创造利润的企业没有存在的必要，没有创造好结果的员工其工作的价值也不大。具体说来，结果导向有以下几层含义。

1. 以达成目标为原则，不为困难所阻挠。

2. 以完成结果为标准，没有理由和借口。

3. 在目标面前没有体谅和同情可言，所有的结果只有一个：是，或者非。

4. 在具体的目标和结果面前，没有感情可言，只有成功，或者失败。

5. 在工作和目标面前，再大的困难也要去拼。

6. 管理不讲情，对部下的体谅最后不过是迁就而已。

7. 在客观的困难面前，你可以有一千个理由、一万个原因、十万个无能为力、百万个尽心尽力；可是，在执行面前，却只有一个简单的结果——完成了还是没完成。

8. 在结果导向面前，我们常常不得不"死马当活马医"，我们不会轻易放弃，因为放弃就意味着零。

二、保证完成任务

要明确这样一个理念——做好了，才叫真正的做了。布置下去的任务，下属要不折不扣的全部做好。

实践中，当上级问下级某项工作时，最常听到的答案是"我已经做了"，再追问详细结果，却如何也答不上来，只停留在做的层面，而不是做到位了。要保证完成任务，必须完成从"做了"到"做圆满"的转变。只有做圆满了了，才叫做了。什么才叫做得圆满呢？第一，对工作结果负责。第二，全面正确理解领导的意图。第三，不是机械的执行，而是发挥主观能动性积极的执行。第四，懂得及时执行的重要性，绝不错过机会。

保证完成任务的另一个关键就是必须从"做成"到"做好"的转变。做成并不难，人人都在做，难的是将事情做好。做只是基础，只有将事情做好，执行才算完成、到位。很多人看起来一天到晚很忙，有做不完的事情，却忙而无效，没有结果。

要想从"做成"转变到"做好"，首先要明确任务目标，明确后必须完成，不许用任何借口拖延。另外，要善于变通，用智慧保证计划的完成。完成任务，必须达到3个标准：按时、按质、按量，缺一不可。也就是在规定的时间内完成任务，决不拖延；同时，保证完成的质量，不偷工减料；必须达到规定的数量，少一个也不行。不管接到任何任务，自觉的按照这3个标准进行规划，然后有节奏、有步骤地执行，以保证任务的完成。

三、以合适投入获得最大成效

工作是否圆满，不仅要看结果，还要看投入产出比。同样的工作，运用的方式和方法不同，投入的成本就有很大的差异，效果也有很大的不同。

真正的工作圆满，是能以合适的投入获得最大成效。对管理者来说，表达到位是一个关键。很多时候，工作的过程就是一个说服上级、为下属安排任务的过程，话能否说到点子上是至关重要的，有时候对员工也是如此。说话要想到位，必须做到以下4点。

第一，把话说到别人的心坎上，引起别人的共鸣。

第二，好处要让别人看得见，用最简单的话把给别人带来的好处讲出来。

第三，学会用格言警句说话，就是学会用最简练的语言来表达自己的思想，让人一听就明白。

第四，学会运用"奥卡姆剃刀法"，将多余的、无关的、不必要的内容通通删去，只留下非说不可、非用不行的内容，用最简练的语言表达出来。

第四节 人人都要有绩效考核标准

绩效管理体系是企业管理的中心环节,是推动企业成长的引擎。没有建立绩效管理体系或缺乏完善的绩效管理体系,就无法激发起员工的工作欲望和创造力,企业也就难以实现基业长青的目标,失去成长机会。

企业绩效考核指标应该覆盖到所有部门、每一名管理者和所有员工身上,而且要覆盖到每一项工作上,做到"人人要考核,事事要考核"。因为绩效考核制度符合大部分认真工作员工的利益,也符合企业的利益。这种机制下,能促使员工去努力工作、认真执行,在企业内部创造一种"你追我赶"的竞争氛围,为每个人都树立起"没有最好,只有更好"的绩效观念。

一、绩效考核四大环节

绩效考核不是孤立存在的,企业实施绩效考核,应当从绩效管理的角度来重新认识绩效考核的实施措施和作用。绩效管理是一个完整的系统,它应该包括计划绩效、管理绩效、评估绩效和反馈绩效四大环节,如表 11-3 所示。

表 11-3　绩效管理的四大环节

环节	内容
绩效计划	它是整个绩效管理过程的起点,管理者和员工需要一起讨论、设定绩效目标,就员工将要做什么、需要做到什么程度、为什么做、何时应做完等问题进行识别、理解并达成协议
绩效管理	由管理者和员工进行持续的绩效沟通,发现问题及时解决,帮助员工提高个人绩效,在整个绩效期间内应一直进行这项工作
绩效评估	选择合理的考核方法与衡量技术对员工进行考核
绩效反馈	进行绩效考核面谈,对绩效改进进行指导,实现反馈的目的

在企业总体绩效管理思路的指导下,企业各部门及所有员工都应设定自己的绩效目标。在绩效考核和绩效管理过程中,各部门可以及时发现本部门出现的问题,在问题尚未造成损失的情况下及时找出原因予以解决,从而保证完成本部门及相应个人的绩效目标。当每名员工及每个部门都完成了绩效目标时,企业的总体绩效自然就会很好,在同等市场环境下的竞争中,企业也将会始终立于不败之地。

二、绩效目标的衡量标尺

设计绩效目标、绩效指标必须有标准、有衡量尺度，衡量标准有4个维度，如图11-1所示

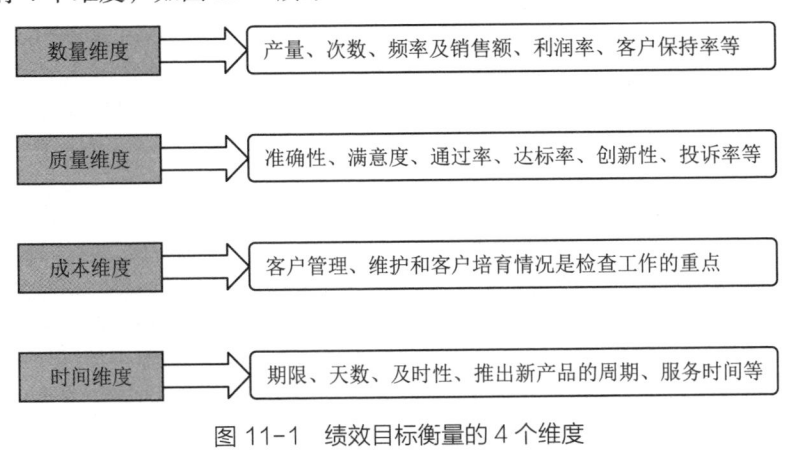

数量维度	产量、次数、频率及销售额、利润率、客户保持率等
质量维度	准确性、满意度、通过率、达标率、创新性、投诉率等
成本维度	客户管理、维护和客户培育情况是检查工作的重点
时间维度	期限、天数、及时性、推出新产品的周期、服务时间等

图11-1 绩效目标衡量的4个维度

具体来说，对定量的目标，可以多从数量、成本等角度进行衡量，如招聘人员的数量、检查次数等；对于定性的目标，可从质量、时间的角度去考虑，如人员对职能部门服务的满意程度，可以通过人员投诉率、服务及时性来考核；方案起草的好坏可以运用通过率来表示，如方案是一次通过还是数次通过等。

三、绩效考核指标的"四化"标准

所谓"四化"，是指"能量化的尽量量化；不能量化的先转化；不能转化的尽量细化；不能细化的尽量流程化"。表11-4所示为绩效考核的4个标准。

表 11-4　绩效考核指标的 4 个标准

标准	适用性	解读
能量化的尽量量化	很多工作都可以量化，可以直接量化	如培训工作，可以用培训时间、培训次数来衡量；制度工作，可用制度设定的数量、违反次数来表示
不能量化的先转化	有些不能量化、比较笼统的工作可以进行转化	如提高质量水平、抓安全促生产等，针对这些工作，可以通过目标转化的方式来实现量化，转化的工具就是数量、质量、成本、时间等元素
不能转化的尽量细化	对于某些部门或岗位来说，工作繁杂琐碎，无法确定其工作核心是什么，不好量化，而且量化了也不一定全面、客观	办公室主任、行政人员、内勤等岗位，可以采取目标细化的方式考核：首先，对该职位的工作进行盘点，找出该职位所承担的关键职责；然后，运用合适的指标量化。这样，经过细化的指标就基本上能够涵盖其主要工作了
不能细化的尽量流程化	有些岗位工作比较单一，这种工作用量化、细化都无法准确衡量其价值，如打字员的工作就是打字，有任务就做，类似的工作还有会计、培训专员、监察员等	这类工作可以采用流程化的方式考核，把其工作按照流程分类，从中寻找出可以考核的指标，如打字员的工作流程就是接稿打字、排版交稿。针对每个流程，都可以从多个维度来衡量，对评价标准还可以列出相应等级。如果考核的话，就由其主管按照这些标准征询其服务客户的意见进行打分评估

绩效考核不是什么工作都可以量化的，如果"一刀切"的硬性量化，就会出现僵化的情形。不过，不能量化的工作也要进行考核，这类考核由于没有量化指标，就叫作定性考核，也叫质化考核、职能考核、功能考核、效能考核等。考核的对象主要就是那些职能性的部门和人员，比如办公室、人力资源部等。

第十一章 控制员工的欲望：有所敬畏，才能有所约束

定性考核的主要内容有 6 点，如图 11-2 所示。

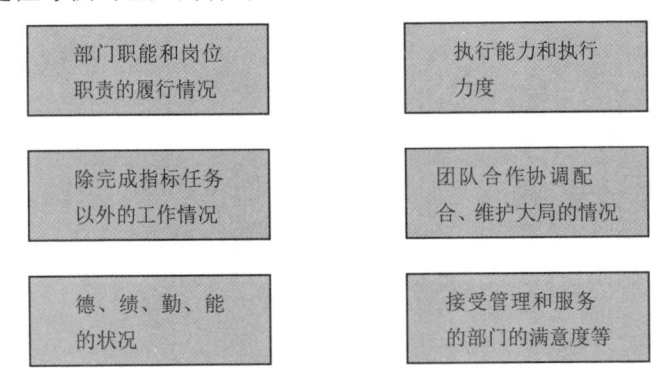

- 部门职能和岗位职责的履行情况
- 执行能力和执行力度
- 除完成指标任务以外的工作情况
- 团队合作协调配合、维护大局的情况
- 德、绩、勤、能的状况
- 接受管理和服务的部门的满意度等

图 11-2 定性考核的 6 项内容

定性考核方法一般多以公开述职和民主评议的方式进行。在述职和评议中，也可以采用表格的方式进行打分。

253

第五节　要敬畏制度，才能有所约束

彼得·圣吉曾在其著作中说："制度，是世界上最重要的东西，没有制度就没有品质，没有品质就没有进步。"

有欲望却不守规矩的，容易出事；没欲望只守规矩的，容易误事；有欲望又能守规矩的，才能成事。有规矩、守规矩，是企业成功的必备前提。只有将员工的欲望限制在制度、规则的范畴内，使其有所敬畏才能有所约束，而不至于失去控制。

一个企业如果有不好的工作风气，那一定是制度的问题，是体制的问题。前提是：制度设计要合理，只有制度合理了，才能使各项工作高效地进行。图11-3所示为好制度的6个要求。

第十一章 控制员工的欲望：有所敬畏，才能有所约束

体现企业战略目标、符合企业发展要求	制度要可执行，执行的成本要低	能充分激发员工的潜力和创造性
系统且不重复，没有空子可钻	员工很轻易就能理解读懂	有奖励有惩罚，有褒有贬，激浊扬清

图 11-3 好制度的 6 个要求

好的制度要因时而变，所以，要不断调整矫正企业管理制度，使之更合理、更完善。

企业制度不认真执行，下属违反了也不进行惩罚，久而久之，员工就视制度为儿戏，不断挑战制度的红线。图 11-4 所示为企业制度的两个演变方向。

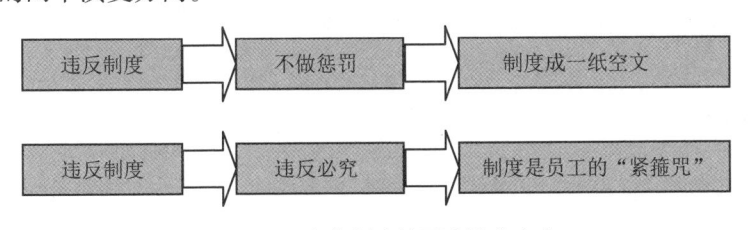

违反制度 ⇒ 不做惩罚 ⇒ 制度成一纸空文

违反制度 ⇒ 违反必究 ⇒ 制度是员工的"紧箍咒"

图 11-4 企业制度的两个演变方向

管理者不仅要在团队内逐步建立并完善"'好人'能够积极办好事，'坏人'不敢办坏事"这样一种良性机制，还应维护制度的威严。在原则问题上不能有丝毫让步，只要下属敢于触犯制度的高压线，就要敢于举起惩罚的大棒。

管理学上有一个著名的"热炉法则"，它的基本意思是：当人用手去碰烧热的火炉时，就会受到"烫"的惩罚。这个"热炉"有以

255

下4个特点，而这些特点则形象地向我们展示了在维护制度落实时的惩处原则。

第一，预警性。炉子火红，不用手摸，一看就知道是热的，是会烫伤人的。作为管理者，你要据此对员工进行制度教育，以警告他们不要违反、抵触，否则会被"烫到"。

第二，即时性。当你试着摸火炉时，立即就会被烫伤，绝不会拖泥带水，不了了之。同样，对于违反制度的员工，也一定要让他们受到惩处。

第三，必然性。你每次碰到火炉，都必然会被烫伤，不会下不为例。对员工的惩处也必须在错误行为发生后立即进行，绝不拖泥带水，更不能有时间差，以便达到及时改正错误行为的目的。

第四，公平性。不管是谁碰到火炉，都会烫伤，无一例外。这里强调的则是惩处的公平性，不管是谁——"一把手"违反了制度，也要被惩罚。